MW01123332

一家跨國建築設計規劃公司的設計顧問,專責審視設計藍圖,注入風水元素。該公司的德文和英文網頁都附有他的簡介和照片,附圖為德文網頁的截圖。

諮詢電郵:cyril.yuen@mensa.org.hk

李心薇多次應聘上電視,主講替嬰兒起名須知的宜忌,以及如何判斷破財損丁、加速婚變、易招官非以及拖累家運之類的「敗局宅」。講題內容兼具知識性和實用價值。圖為電視畫面的截圖。

諮詢電郵:kathystudio888@gmail.com

# 哲人金句：

* 「終生勝敗繫於名，成龍成虫一念間。」

* 「好名字一生好福氣。」　　* 「名以正體，字以表性。」

* 「佳名勝於珍寶。」　　　* 「藝由己立，名自人成。」

* 「名佳運暢順，名劣運坎坷。」

* 「名字改變命運。」　　　* 「不怕生壞命，最怕起錯名。」

* 「賜子千金不如教子一藝，教子一藝不如予子佳名。」

* 「名不正則言不順；言不順則事不成；
　　事不成則禮樂不興，刑法不中。」

* 「一個人的名字會取錯，可是綽號不會取錯。」

* 「有其名必有其實，名為實之賓。」

* 「名字如影隨形伴一生，勿為名所累、勿受名所困。」

* 「子生三月，父親名之，冠而字之。名所以正形體、
　　定心意也；字者所以崇仁義、序長幼也。夫人非名不榮，
　　非字不彰，故子生，父思善應而名字之，以表其德、
　　觀其志也。」

# 《名字改變命運》
## *起名改名宜忌須知
## Nominative Determinism

作者：玄司寧 (Cyril S. Yuen)

李心薇 (Kathy Li)

史料提供：雅零 (Eric Yuen)

《名字改變命運》

這本中文紙本書乃專門為付費讀者製作。
請尊重作者權益，
切勿任意修改、刪節、複製、轉寄或轉售其內容，
以免觸犯著作權法。

《名字改變命運》(Nominative Determinism)
作者：玄司寧，李心薇

2017 年由電書朝代 (eBook Dynasty) 製作發行
IngramSpark 印刷出版，Ingram Content Group 推廣銷售
電書朝代為澳洲 Solid Software Pty Ltd 經營擁有
網站：http://www.ebookdynasty.net
電郵：contact@ebookdynasty.net
版權所有，翻印必究

# 《名字改變命運》總目錄

《名字改變命運》

# 名佳運暢順（序言）

## 雅零

**古人**以名表德，深信名善則榮，名惡則辱，名正則言順，認為好名易交好運，好運伴隨一生，因此為自己或子女起名取字，十分謹慎，以免遺患深遠，損害終身。粵諺「不怕生壞命，最怕起錯名」，可說正是此一觀念的寫照。

**歷史**上頗多滿腹經綸的讀書人或者縱橫官場、期盼仕途精進的士大夫，特別重視自己的名字，視之為終生得失成敗的關鍵因素。一個典雅響亮而具深邃意境的名字，不單予人好感，強化日常人際關係，更可為未來開拓一條平坦的康莊大道。

**名字**既是一個人的符號，也是恆久不變的包裝，一經起取，不僅長伴終生，還流傳後代。名字的優劣好壞，足以影響終生運勢，優雅佳名使人信心倍增，常感自豪，在人生路上昂首闊步；鄙俗劣名易致心生自卑，情緒沮喪，漸失奮進向上的鬥志。

**本書**英文譯名「Nominative Determinism」源於西方盛行的一種新學說，不少著名學者近三十年間相繼引證不同來源的數據，確信姓名與一生命運息息相關，由此得出結論：姓名決定命運。這些學者的論述散見於互聯網和各地報刊，他們的卓見偉論與本書《名字改變命運》引述的古今資料以及較早時興起的「性格決定命運論」，可謂具異曲同工之妙。

**本書**部份內容，取材於古籍史料，概述歷代發生的「名佳運

《名字改變命運》

暢順，名劣運坎坷」的史實。一些飽讀詩書的書生，往往因長輩
為其在年幼時起取的名字而遭殃，長大後命途坎坷，長期徘徊個人
生低谷，讀之欷歔感慨不已。

**各居**港加一方的雅零其中兩位門生玄司寧和李心薇，多年來
經常受邀，配合生辰八字替初生嬰兒起名或替成人改名。久經歷
練，技巧純熟，早已得心應手，臻於化境。本書部份文章是他們
多年操作的心得。其中若干篇章不乏趣味濃厚的實例，曾分別於
加拿大不同報刊發表。

**他們**現將二人分頭撰寫的文稿整理歸納，分章編目，結集出
版，公諸各方讀者，以供所有重視名字對人生運程影響的人，尤
其是為人父母或者即將為人父母者，在替子女起名時作為細意構
思的案頭參考。

**本書**重點論述自古至今的起名宜忌，以歷代風俗時尚為經，
通行的禁忌為緯，附加發人深省的實用舉例，最後輔以歷史人物
和時下名人的綽號花名，作為各方讀者茶餘飯後談助。本書實屬
五味俱全的珍饈，值得讀者再三咀嚼品味。

# 第一章　佳名帶來好運氣

1. 千萬家財不如佳名
2. 名字決定終生命運
3. 好名字一生好福氣
4. 名字吉祥破格提拔
5. 潔名獲選名門快婿
6. 天長地久代代蘭芬
7. 諧音造成良佳效果
8. 名字巧妙流芳千秋
9. 名佳運順名劣坎坷

# 第一章
## 佳名帶來好運氣

石林萬古不知暑

茅屋四隣唯有雲

劉春霖

劉春霖是中國歷史上114個狀元中最後一位，
也就是狀元史上所謂「第一人中最後一人」。
圖為他書寫的對聯。

# 1. 千萬家財不如佳名

孔子三千弟子之中的子路，說過一句傳誦千古的金石良言：與其給予子孫千萬家財或者教導他們一項傍身技能，莫如替他們起取一個最好的名字行世。後世人於是總結成以下一句話：賜子千金不如教子一藝，教子一藝不如賜子佳名。事實確是如此。

賜子良佳的名字往往帶來好運，足以改變人的一生，從此平步青雲。歷史上不乏這樣的事例。

乾隆五十年發生過一件因「長齡」二字而受皇帝垂青的事。清代乾隆年間一個名叫胡長齡的書生，就是因為名字受到乾隆賞識，特別欽點他為狀元。十年寒窗苦讀，一夕之間揚名四方，光宗耀祖。

乾隆本是關外胡人，對胡字大有好感，那天在審閱主考大臣呈上的前十名試卷時，發現有一考生名叫胡長齡，龍顏大悅，滿心歡喜，連連點頭微笑，特別欽定並非名列前茅的胡長齡為狀元。

清朝統治者原是北方遊牧民族，即「胡人」；乾隆此時已七十九歲，嚮往長壽，對這個名字難免情有獨鍾。

據清人筆記的描述，當時臨近乾隆的壽辰，胡長齡三字正好適時祝賀他這位胡人萬歲長壽，心花怒放之餘，立即御筆一揮，欽點他為狀元。

此事發生後，有些人覺得這類名字的確很好，便以永年、延壽、長齡等字眼為子孫起名，祈求長壽康寧。

## 《名字改變命運》

　　清人筆記還記載了另一個因為佳名而榮獲鳳恩的真實個案。話說有個名叫劉春霖的學子，上京參加朝廷殿試，本來成績僅屬中等，但因春霖二字有「春季天降甘霖」的寓意，而且有留（劉）的意向，正好反映當時主政的慈禧太后盼望風調雨順、國泰民安、永享太平的心意，於是特別破例，欽點這位考績並非突出的考生名列榜首，榮登狀元寶座。

　　據史料記載，劉春霖是滿清皇朝最後一個狀元。

　　清朝從順治三年（1646年）到光緒三十年（1904年）二百多年間，合共舉行過112次科考，造就了114個狀元。清朝高中狀元人數最多的省份是江蘇，共有49人。

　　劉春霖是114個狀元其中一人，也就是中國歷史上最後一名狀元，成了狀元史上所謂「第一人中最後一人」。

# 2. 名字決定終生命運

有人說「性格決定命運」，也有人說「名字決定命運」。這兩句話也許過甚其詞，但不無道理。

我們常說的「命運」，其實是兩回事：命是先天的，指生辰八字（出生的年月日時），運是後天的，「先天之命，後天之運」就是指此而言。

坊間常說的「不怕生壞命，只怕起錯名」，更加突顯了名字在運程上的重要性。

翻閱史書，因為名字而平步青雲、享盡富貴榮華，或屢遭挫敗、一沉不起的事例，可謂不計其數。

名字看似簡單，但對於人的性格、事業、婚姻甚至健康，都有深切的關係。在人一生的命途上，良佳的名字，顯然比差劣的名字帶來更多的好運。

報載香港一名上市公司的主席，豪擲十二萬港元聘請高人替他改名，曾經一度成為市民茶餘飯後的談助。

名字可能是父母送給孩子的第一筆珍貴財富，也有可能是給原已坎坷的人生施加沉重負累。孩子將來成龍或成蟲，就懸於起名時的一念之間。

有些父母替孩子起名時，往往將他們的期望寄託在名字上。歷史上頗多事例證明，這種憑名寄意的期許，最終都願望成真。

古代的行業種類遠比現代為少，父母期望孩子從文或從武因

《名字改變命運》

而比較普遍。例如明代的魏希文，父母期望他將來當文官，長大後果然進入仕途，當上了文官。

此外，杜從武、楊成武、張經武以至春秋時的孫武、南北朝的韓擒虎等人，從姓名來看，他們的父母當年起名時必定有此盼望，後來果然如願以償，孩子都成了戰功彪炳、顯赫一時的武將。

時至現代，也有不少類似的例子，他們從事的職業，與名字奇妙呼應，恰成絕配。

# 3. 好名字一生好福氣

翻閱史料發現，歷代科舉有一個並非罕見，甚至普遍存在的現象：歷屆狀元往往出現「名字比學問成績更重要」的奇聞怪事。

「金榜題名」成為狀元，竟然不是因為學富五車、成績特別優異出眾，只是因為皇帝或主考官對他們的名字情有獨鍾所致；有些人落第，亦非因為成績差劣，只是皇帝或主考官討厭他們的名字而已。

光緒年間，山東有兩個書生一同進京赴考。他們一個名叫曹鴻勳，一個叫王壽鵬，二人本是同鄉，但曹鴻勳很用功，品學兼優，王壽鵬卻無心向學，終日無所事事。結果曹鴻勳在京城殿試中取得優異成績，名列前茅，王壽鵬卻交了白卷。考官欲想擬定曹鴻勳為狀元，剛好那天正是慈禧太后的壽辰，滿朝文武百官都進宮拜壽，考官也去了，只好把點狀元的日子推後一天。

慈禧知道當天點狀元，見考官剛好到來給她賀壽，於是吩咐考官把考生的卷子立刻拿來，她要親自過目，親點狀元。

考官隨後用紅漆方盤把考生的卷子端上來，慈禧信手從一大疊卷子裡隨便抽出了一張。一看，考生的名字叫王壽鵬。慈禧心想，這個名字正合時宜，大吉大利。王是君王，我慈禧就是萬民之君王；壽是長壽，今天我正好慶祝大壽；鵬是大鵬金翅鳥，群鳥之王啊，大鵬展翅，翱翔萬里。這個姓名太好啦，正好祝賀我這個君王萬壽無疆，千秋萬代當百姓君王、永享江山！

## 《名字改變命運》

慈禧滿心歡喜，順手拿起朱砂筆，在王壽鵬的白卷上點了一點，正式欽點他為新科狀元。考官看在眼內，急得滿頭冒汗，怎能讓一個交白卷的飯桶考生當狀元，處理國家大事呢？他連忙下跪說：「這王壽鵬沒有學問，交的是白卷。」

慈禧曾下旨，規定每逢她壽辰，嚴禁說「白」字，因「白」字不吉利。此刻一聽考官提到她最忌諱的「白卷」，怒不可遏，立刻指令身邊的人摘掉考官的頂戴花翎，就地革職！王壽鵬就這樣因父輩為他起取的名字，當上了狀元。

在更早的明朝，已有類似的事例。永樂二十二年，殿試的結果，狀元是孫日恭，榜眼是邢寬。到發榜時，名次居然走了樣：邢寬一躍成為狀元，孫日恭變成了第三名。什麼原因令成績較差的邢寬變成狀元呢？永樂皇帝覺得邢寬這個姓名非常好，「邢」政寬和，必得人心，於是便讓邢寬取而代之。

# 4. 名字吉祥破格提拔

給孩子構思一個含意上佳而典雅的名字，不僅為他將來長大後帶來自信、樂觀，還可加強他對人生的希望。有些名字配合姓氏所形成的組合，不僅含義深長意境佳，而且還強化了父母的良好願望。本書第三章提到的馬可飛，就是這種「可強化父母望子成才的良好願望」的名字。「馬可飛」這三個字立刻令人產生千里馬飛快馳騁、奔向萬里前程、一如天馬橫空遨遊天際的壯觀景象。（詳見第三章第二篇「名字靈巧配置姓氏」。）

名字一經起取，以後終生相隨，往往反映其人一生的縮影，古人說的「文如其人，人如其名」並非無的放矢。現代有專家研究發現，名字有一種潛在的訊息，長期產生潛移默化的作用，直接影響人的情緒、性格、做人處事的態度和一生事業的成敗。

三國時代有一個名叫王昶的學者，為了給兒子和姪兒起取佳名、美名、甚至名流千秋的英名，不惜廢寢忘食，翻查儒家、道家學說，從中汲取精華，兩個兒子分別取名渾，字玄沖；深，字道虛。一個姪兒名默，字處靜；另一個名濃，字處道。渾、沖、深、虛、默、靜、濃、道，這八字體現了儒道主張的形式規範，他寄望下一輩的子姪行事處世都堅守這種規範，時刻顧名思義，不要逾越。

長大之後的「藝」雖由己立，但名字卻是由他人起取，這就是古人所說的「藝由己立，名自人成」。長輩為兒孫起名，的確

《名字改變命運》

不可不慎。

　　因名字受賞識而走運，從此登入仕途，享盡榮華富貴，歷史上大不乏人。順治年間江南昆山一名「十年寒窗苦讀」的學子徐元文，便是其中一個典型例子。

　　順治十六年，年僅二十一歲的徐元文參加京城殿試，成績雖好，但不是優等。順治一看他的名字，認為有《周易》「元亨利貞」的吉兆，不僅名字吉祥，而且儀表出眾，於是破格提拔，欽點他為新科狀元，稱他為「佳狀元」，並且破例在乾清門召見，多番嘉勉。此外，還頒下聖旨賜予冠帶、蟒服，恩准他乘坐皇帝的御馬，進入皇帝專用的御書房寫文章。

# 5. 潔名獲選名門快婿

北宋著名書畫家米芾，八女之中有一位長得非常漂亮，琴棋書畫無一不精。這位仍然待字閨中的未嫁千金小姐，成了名門望族和遠近才子爭相提親的目標。但是，所有到來提親的人都被米芾婉拒了，他認為對方都不配當他的女婿。

在進入正題之前，且讓我們看看這位名留百世的北宋書畫名家一些特殊背景。

據史料記載，米芾所患的天生潔癖已達到嚴重病態的程度，日常只要用手拿過東西，馬上就要洗手。他無論去什麼地方，僕人必定遵照吩咐帶備一壺清水，隨時伺候。米芾洗手時不用盆，僕人用銀壺倒水，他伸手接水洗滌，洗完後從不用毛巾抹手，任由雙手晾乾。

別人用過的物品，米芾也不使用，竟然為此不惜丟官貶職。他擔任太常博士時，身負主持朝廷祭祀儀式的職責，必須穿上規定的祭服。他嫌祭服別人穿過，特別吩咐僕人拿回家洗了又洗，祭服結果變了色，他的官職隨之被革除。

回頭再說他擇婿。最後被米芾選中為婿的人，姓段名拂，字去塵。這位年輕人本來只是一個藉藉無名的普通進士，既非出身顯赫家族，亦非才高八斗的曹植之輩，完全只是因為名和字迎合米芾的潔癖習性，受到特別垂青而已。

米芾對段拂另眼相看，那是因為「拂」有拂塵之意，字「去

塵」有進一步清除塵埃的含意。米芾非常樂意將女兒許配給這位
重視潔淨的同道中人。

　　米芾生活的時代距今近一千年，其作品當時已是價值高昂，
非一般等閒之輩的書畫可比。前幾年在紐約一個拍賣會上，他一
幅國寶級畫作《深山夜雨》，起拍價高達二億元人民幣。早在
2002 年，米芾一幅晚年書法傑作《研山銘》，在北京成功拍賣，
以人民幣三千萬元創下當時中國藝術品的拍賣紀錄。

　　段拂當年有幸因名字而被這位大名鼎鼎的書畫家選為東床快
婿，當時很多人都認為是異數。

# 6. 天長地久代代蘭芬

　　日常生活上，很多人都樂意與那些擁有高雅名字的人結為朋友。事實上，良佳的名字確實有增進人緣、激發上進心的無形動力。「佳名帶來好運」，這句話看似玄之又玄，事實的確如此。

　　一個字形美、字意佳、音響亮且動聽的理想名字，確實能使成長中的孩子感到自豪，充滿自信，這是用之不盡的無形資產。這樣的名字，至少不會導致孩子自卑、沮喪而產生一種自我壓抑的心理障礙。

　　這裡再列舉兩件明清兩代發生的真人真事，證明姓名確能給人帶來好運。

　　明世宗朱厚熜在狀元放榜前夕，睡夢中聽到雷聲隆隆，繼而滿室霞光，他認為是大吉兆。第二天看到進呈的榜文，排名第四的考生剛好名叫秦夢雷，與他夢境巧合，於是御筆一揮，欽點他為本屆狀元。

　　清代嘉慶年間，安徽有個名叫戴湘圃的考生，連續六次上京應考均告落選，直到道光二年，他改名戴蘭芬，寓意幽蘭芬芳，再次入京考試，結果考獲第九名。

　　當年進呈給道光皇帝批閱的十份考卷中，排名第一的考生名叫史求。道光皇帝認為史求諧音「死囚」，極不吉利，立刻勾去其名。

　　他繼續閱卷，竟然無一人合意，直至看到第九名戴蘭芬，龍

《名字改變命運》


顏大悅。心想這考生籍貫天長縣，姓戴名蘭芬，位列第九，恰好應驗了「天長地久，代代蘭芬」的吉兆，於是大揮御筆，予以欽點。幸運的戴蘭芬便從第九名一躍成為第一名的新科狀元。

　　顯而易見，他這個新科狀元，憑藉的主力並非才能、學識，而是名字。名字改變了他未來的命運，從此一生安逸，盡享富貴榮華。

# 7. 諧音造成良佳效果

姓名的諧音並非完全一無是處，有時候諧音也可能造成良佳效果，使姓名錦上添花，大放異彩。有些父母為兒女起名時，在力求名字的字形美、字意佳、音響亮動聽之餘，還刻意兼顧名字的良好諧音，營造長遠有利的特殊效果。

有位名叫冰人的李姓醫生，被病人以姓名諧音改叫綽號，稱為「利病人醫生」（李冰人醫生）。這是諧音造成的意想不到的收穫，討好而又不帶負面含意的貶義。他的父母當年起名時，也許根本沒有預計到孩子長大後當上治病救人的醫生，更沒有想到「李冰人醫生」這個稱呼的諧音會產生如此舒暢的綽號。

另據香港友人相告，她公司有位男同事長期成為「最受歡迎人物」，每天早上他一進入辦公室，眾人便異口同聲呼喚他的名字。原來他名叫蔡慎道，諧音「財神到」。有此吉利預兆，難怪大受同事歡迎，尤其是在六合彩開彩的日子，同事的呼喚聲就更加響亮了。

中學時有位名字叫「芙」的汪姓女同學，當年在班上大家都叫她「芙蓉」，沒想到她剛離開校門便結婚嫁人，甘作歸家娘，過平庸的家庭生活，不像其他同學一樣，或升學或就業。

五年後在校友聚會上再次重逢，她已是二子之母，家居由廉租屋遷至半山大宅。

丈夫當年是經營艱辛的生意人，婚後生意暢順，轉虧為盈，

公司越開越大。丈夫深信她旺夫，從此視她如珠如寶。

後來從他丈夫公司的員工方面得悉，公司上下都公認她「旺夫」。「芙蓉」的生辰八字未必旺夫，估計可能只是「汪芙」姓名的諧音使人產生如此印象而已。到底是巧合還是她命格確實旺夫，只有天曉得了。

為孩子起名時，如果花點心思，巧妙運用諧音，不僅使名字更生動有趣，還能產生非凡的寓意，達到音義典雅的效果。

# 8. 名字巧妙流芳千秋

人的佳名不可能垂手而得，它往往凝聚了諸如社會習俗、文化情趣、時代氣息，更重要的是起名者的氣質修養以及藝術技巧等等眾多因素而形成。

漢字中有部份字由於字意不吉利，很多人在為孩子起名時都盡量避免，例如疾、病、苦、恨……這類字，一般人都很少採用。然而，也有例外，只要配合恰當，便成為引人另眼相看的特殊姓名，進而創出卓越的成就，不僅名揚四海，還流芳千秋。

漢朝時有位將軍就是以「病」入名，也就是戰績彪炳的霍去病，名字雖然用「病」字，卻是「去病」，化不吉為大吉大利。

相傳霍去病生下不久，還沒來得及起名字，母親衛少兒抱著他去深宮探望妹妹（當時的皇后）。這時，漢武帝正臥病在床。衛少兒抱著孩子，輕輕地拍著，只怕他哭鬧起來，驚動聖上。孩子這時突然「哇」的一聲大哭起來，漢武帝昏昏迷迷之間猛然聽見嬰兒的哭聲，驚得出了一身冷汗，頓時覺得全身舒暢。他一高興，龍顏大悅，接過孩子，百般戲逗，於是賜名「去病」。這個孩子從此就以霍去病之名行世。他長大後屢立戰功，深受漢武帝賞識。

南宋詞人辛棄疾，雖疾而棄，不僅可取，而且意義特殊，令人一見難忘。

著名畫家李苦禪和著作等身的張恨水，是另外兩例，名字用

了「苦」、「恨」，但配搭巧妙得宜，原有的忌諱變成了獨特的新穎構思，使人覺得眼前一亮而拍案叫絕，最終步上了成功的青雲路。

　　以常理而論，起名用字應該採用字形美、字意佳、音響亮動聽的字，盡量避免意義不祥、貶義明顯或令人反感的字入名。上述的名字是少有的獨特例外。

# 9. 名佳運順名劣坎坷

父母望子成龍，望女成鳳，人之常情，因此在為子女起名時往往藉此寄以期望和祝願。

剛出生的嬰兒如果擁有一個響亮吉祥的名字，等如一隻卓爾不凡的幼鳳凰，披上了五彩絢麗的羽毛，美好的將來也就可想而知。民間歷來深信「好名字一生好福氣」，並非虛言。

傳說唐太宗李世民年幼時相貌不凡，有相士對其父李淵說：「此子龍鳳之姿，天日相貌，其年及冠，必能濟世安民。」李淵對兒子正有此期盼，希望他將來長大之後成為大器，濟世安民，聽到相士所言，心中大為喜悅，遂為小兒起名「世民」。

李世民後來果然發揮雄才偉略的大志，濟世安民，締造了中國歷史上國力強大、政治清明的盛世。他在位二十三年間營造的貞觀之治，名垂千古。

有人期盼子女濟世安民，也有人希冀後代出人頭地（以仕、魁、臣、傑、賢、達、卓等字為名），更有長輩祝願小輩將來光宗耀祖，從歷代廣泛採用的繼祖、裕孫、紹箕、顯宗等等名字上可見一斑。

宋理宗年間，文天祥上京赴試，在殿試中考得第七名，本來與狀元無緣。其後理宗皇帝親臨集英殿審閱考卷，御意認為文天祥的名字吉利，是「天降吉祥」、「預兆宋朝瑞氣滿盈」，於是把文天祥從第七位提升至第一位，欽點他為本屆新科狀元。「宋

瑞」從此就成了文天祥的字。

日本一位漢學家認為，中國文字有如集成電路，儲存大量訊息，古代流行的測字，根據文字組合，測算過去未來，測算結果的準確性有時令人目定口呆，可能就是集成電路論的寫照。

良佳的名字隱藏積極而正確的訊息，預兆孩子未來步上人生的成功大道，不足為奇。古人說「名正運暢順，名劣運坎坷」，實屬至理名言。

有些字的確不宜配搭某些姓氏，例如：姓文的人忌用丑，姓嚴的人忌用重；文丑、錢奴、嚴重、孫疾、任性、汪作人，這類姓名貶義極為顯著，一望而知，不解自明。

有些農村的父母迷信「賤名長壽」，故意替孩子選取貶義字為名，結果是弄巧成拙，害苦孩子的一生。

# 第二章　一名之失龍變蟲

1. 一見名字怒火中燒
2. 諧音犯忌喪失寶座
3. 馬桶任凌辱誅九族
4. 用字艱深自毀前程
5. 男用女名到處碰壁
6. 霸道狂妄自曝其短
7. 樂極英年續語大凶
8. 起名講究學養技巧
9. 賠大本肺炎醫死人
10. 吳道德賈崇善莫端莊
11. 標奇立異招人生厭
12. 福祿財喜豬狗蛇蟲
13. 秦檜潘金蓮林過雲

# 第二章
# 一名之失龍變虫

英國漫畫雜誌《笨拙》1898年刊載漫畫，
譏諷慈禧太后「善待」光緒皇帝。

# 1. 一見名字怒火中燒

本書第一章提到清朝有個名叫劉春霖的學子，上京參加朝廷殿試，本來成績僅屬中等，但因春霖二字有「春季天降甘霖」的寓意，而且有留（劉）的意向，正好反映當時主政的慈禧太后盼望風調雨順、國泰民安、永享太平的心意，於是改為欽點這位考績並非突出的考生名列榜首，榮登狀元寶座，成為滿清皇朝最後一個狀元。

據史料記載，當時成績最優秀、被主考官列入榜首的是一個名叫朱汝珍的廣東考生，只因不合慈禧心意，便由頂峰滑落。

當時正值滿清內外交困，憂心忡忡的慈禧正準備慶祝七十大壽，希望從科舉之中得到一點吉兆。她首先翻開主考官呈上列為頭名的試卷，字跡清秀，文采華麗，內心頗喜。

但是，當她一看到考生的籍貫和名字，神經立即被觸動，大感不悅。原來考生來自廣東，名叫朱汝珍，慈禧見到「珍」字，想到珍妃。珍妃生前違旨抗命，偏向光緒帝，慈禧特別憎恨她，後來設計將珍妃推入井中溺死，一見「珍」字便怒火中燒。

另一原因是朱汝珍籍貫廣東。慈禧非常厭惡廣東人，因為太平天國洪秀全、維新派康有為和梁啓超，在日本組織同盟會力圖推翻滿清專制統治的孫中山等廣東人，都是她眼中的「首逆」。慈禧認為廣東人是她難以容忍的大清皇朝剋星，於是將朱汝珍的試卷扔到一旁，以劉春霖取而代之。正是「一名之失龍變蟲」。

## 《名字改變命運》

　　晚清時期，慈禧太后當權的近半個世紀中出現的一批狀元，試卷都經慈禧過目欽定，這其中有多少精英被她扼殺，只有天曉得。要榮登金榜成為狀元，單憑學問實力顯然不足夠，還需要一點運氣，重要關鍵似乎是一個好名字。

　　被慈禧太后剝奪了狀元資格的朱汝珍，原是廣東一位出類拔萃的才子，生於清同治九年（1870 年），少年喪父，家境清貧，但天資聰慧，勤奮好學，得富裕姻親資助讀書、赴考。後來轉赴日本留學攻讀法律，光緒三十四年（1908 年）東京法政大學畢業後回國。宣統元年（1909 年）為了擬定「商業法」，奉委派往全國各地商埠調查現代商業操作，提交長達數十萬言的調查報告。

　　他的書法至今仍為後人津津樂道，下款署名朱汝珍的墨寶，在很多博物館都可以看到。

# 2. 諧音犯忌喪失寶座

　　良佳的美名可以帶來好運氣，足以改變人的一生，從此平步青雲。另一方面，一個不合時宜的名字，也有可能令人從高峰跌落低谷，走向背運。

　　諧音雙關是中文的修辭方法之一，利用字詞的音韻相同或相近，在表面意義之外暗含別義。古往今來，具有諧音雙關意義的姓名不勝枚舉，由此而引發的逸聞趣事在歷代的稗史筆記中也不乏記載，尤其以科場、官場和戰場為多。姓名的諧音大多出於偶然，但在皇權至上、避忌重重的古代社會卻為不少人的命運造成重大起伏。

　　據《清稗類鈔》記載，大清皇朝面臨危機之際的一次殿試，有個名叫王國鈞的同治戊辰年貢士，在殿試中成績優秀，名列前茅，已列入進呈御覽的前十本卷子，原本已穩坐狀元寶座。事實上「國鈞」二字含義本來不錯，國者國家，鈞有重任之意。

　　未料送呈時，慈禧唸了卷本上王國鈞的姓名一次，刺痛了她屈壓已久的心事，非常惱火，冷漠地拋出一句：「好難聽。」於是將卷本扔在一邊，不予理睬。她沒有宣諸於口的潛台詞是：這三個字與「亡國君」諧音，很不吉利。慈禧一句「好難聽」，王國鈞功名最終被抑置，後來隨便在山陽縣給了他一個閒差，一生抱負難展，蹉跎以終。

　　王國鈞僅因名字不合時宜，觸動慈禧過敏的神經，結果便落

得如此下場，成了自己名字的犧牲品。

　　香港立法會有位名叫王國興的落選議員，任內每次發表逆民意、逆眾耳的言論，引起網民大罵時，都以「亡國興」稱呼他。網民的靈感未知是否源於清末那位倒霉的王國鈞。

　　無獨有偶，明朝嘉靖年間，有個名叫吳清的人在京城殿試中名列前茅，預定為本屆狀元，榜文其後到了皇帝手上聽候御批。皇帝看到吳清的名字，面露不悅，聲稱「吳清」二字聽起來像是「無情」，無情無義的人怎麼能做狀元？於是下旨立刻撤換，吳清因名而走背運，本來有機會成龍，一飛沖天，最終變成蟲，實屬始料不及。

# 3. 馬桶任凌辱誅九族

　　有些人的名字，如果單獨以字論字，本來沒有什麼大問題，但一經組合，形成的諧音就足以令人啼笑皆非。一生背負著這樣的名字處世，與人交往，經常招人當面或背後譏諷嘲笑、說三道四，情何以堪。這一類的負面名字的確影響自信，甚至進而拖累終生事業，就大有可能從龍變蟲。

　　Facebook 群組「香港地」曾經在網上列出 80 個令人發笑的名字，這些名字的粵語諧音，即使不至於使人由龍變蟲，但負面的含意非常明顯，足以招人譏諷，損害自信，影響日常交往，最終導致意氣消沉，事業挫折。網上列出的趣怪名字包括：傅森漢（負心漢）、孔鉅正（恐懼症）、胡徒松（胡塗蟲）、吳英愛（唔應愛）、賈潔芬（假結婚）、任玲玉（任凌辱）、范統（飯桶）、梁良康（娘娘腔）、尤如詩（魷魚絲）、衞秋根（胃抽筋）、俞美雯（魚尾紋）等。

　　除了上述「香港地」群組列舉的一批負面諧音名字，在網上還看到內地網民列出的幾十個另類諧音姓名，既不雅也不吉利。例如有位男士姓賴名月京，你讀這三個字一次，便知道是什麼回事了。

　　這批名單中還有劉產（流產）、龐光（膀胱）、史珍香（屎真香）、楊偉（陽痿）、林炳（淋病）、馬統（馬桶）、馬芬詩（馬分屍）、朱玖竹（誅九族）。

《名字改變命運》


　　教會裡有位姓戴名潔芬的修女，姓名常被教友拿來作笑料：既然等待結婚，又何必加入修會當修女呢？

　　有一次婚配禮儀完畢，教友從教堂蜂湧而出，一位陳修女當時正站在教堂大門口東張西望。有教友問她什麼事。大群教友聽到陳修女說：「我等結婚。」眾人聽到「結婚」兩個音，轟然大笑不止。原來陳修女原意是說她正在等候戴潔芬修女。

　　起名不慎，造成貶義諧音，往往製造很多意想不到的笑料，不自覺成為別人的笑柄。被人當作笑料事小，拖累事業和一生的發展就非同小可了。

# 4. 用字艱深自毀前程

孔子曾說:「名不正則言不順;言不順則事不成;事不成則禮樂不興,刑法不中。」他對名字的重視程度,可說已提升至社稷倫理的最高層次了。

坊間流傳一句話:「不怕生壞命,最怕起錯名。」起錯名又如何?人的名字不僅只是他陪伴終生的外在包裝,反映了他的素質、教養、抱負,還深刻影響他的人際關係,甚至婚姻、事業和命運。這裡再以歷史個案舉一個實例⋯⋯

歷史上其實有很多因「起錯名」而致自毀前程的事例。

本書第一章其中一篇曾經提到明代永樂年間,有個名叫孫日恭的書生,在京城殿試時名列前茅。但正式放榜日,孫日恭在榜上的位置卻下降至名列第三,狀元的寶座由一位名字合乎皇上御意的考生取而代之。

後來得悉原來這是皇上聖旨。永樂皇帝私意認為不祥,日、恭二字連在一起剛好合成一個「暴」字,不符社會和諧的原則。皇帝當然盼望江山萬年永固,天下長久太平,沒有暴民造反的事件出現,永遠沒有百姓揭竿起義造反,以暴力推翻朱家皇朝世代相傳的統治。可憐的孫日恭就因名字不合聖上心意,結果喪失本來已經近在眉睫、可享榮華富貴的狀元寶座,只有自嘆倒楣了。歸根究底,那是受「起錯名」之累。

為孩子起名,在力求字形美,字意佳,音響亮之餘,還須注

《名字改變命運》

意既典雅具深意，而又簡明易懂，節奏明快。

筆畫太多，結構複雜，寫起來麻煩費時的字，自當避免；筆畫雖簡單，但字意生僻，難以讀音的字，同樣不該採用。

友人王忭勍的「忭勍」兩字，典雅有餘可惜簡明不足，相信很多人都不懂得讀音，遑論其意了。（忭讀辨，意即喜樂；勍讀瓊，有強而有力之意。）王忭勍的父母或許是具高深學問的人，才替兒子起了如此典雅而有深意的名字，可惜造成反效果。

王忭勍有次參加一家大企業的工程師招聘試，考績雖佳，終因公司高層不懂讀音，對這名字沒有好感，把他從錄取名單中剔除。這是因名字而躭誤前程的另一明顯個案。

# 5. 男用女名到處碰壁

男性和女性起名用字，歷來各有約定俗成的規範，男名通常反映陽剛堅毅，女名表現陰柔溫婉。如果男起女名，女取男名，反其道而行，不僅性別難分，不倫不類，而且在未來就業上也會自招麻煩。

很多身為父母者在現實生活中都不在意男女有別這個事實，只顧名字合乎己意，或迷信一些習俗，完全不考慮將來可能產生的效果。

有人說：「一名之得可成龍；一名之失可成蟲。」無數的實例顯示，這句話並非誇大其詞。

以下是另一個因名字而耽誤前程的明顯個案。

報載瀋陽近郊一農村，有個名叫梁晶晶的二十七歲男子，因名字過於女性化，求職到處碰壁，多年來一直找不到工作，以致意志消沈，喪失自信，情緒極之沮喪。

梁晶晶在校成績頗佳，為人彬彬有禮，尚算一表人材，只因為「一名之失」而陷於困境，前路茫茫。

父母當年深信鄉間習俗，為他起了一個女性名字，認為這樣才容易養活成人。幼年時候，他並不在意，豈料長大後發現，自己朋友很少，原來的朋友也逐漸疏遠他。

他說，平時交上新朋友，也不敢自報姓名，擔心別人嘲笑他。

他求職推銷員職位的多家公司都不接受這個女性名字，認為

## 《名字改變命運》

由他代表公司到外面推銷產品，會影響公司形象。

有一次終於找到工作，但上班當天便被同事和上司拿名字戲弄，氣得他不得不與人吵架，最後被上司以「影響公司工作、損害同事團結」為由把他解僱。

其後多次都是如此，上班不久便被解僱或自己無法忍受同事嘲弄而自動辭職。

最後他只好向當局申請改名為梁凱強。經批准後第二天，梁凱強以新名字求職，終於穫得一份滿意的新職。

# 6. 霸道狂妄自曝其短

本書第六章其中三篇也談到男女有別，如果名字雌雄莫辨、男女不分，就會招致誤會，鬧出連篇笑話。其實這也是起名時必須注意的大忌。

男性採用典型的女名，或者女性採用典型的男名，專家稱之為「名字異化」現象。即使性格上確有這種氣質傾向：男生陰柔嬌滴滴；女生作風豪邁、剛強，也不宜起取「異化」的名字，以免加重身份異化的色彩。

試想，如果堂堂男子漢，名字竟然是彩鳳、蘭香、秀萍、芳玲；嫵媚嫻雅的淑女則以永雄、偉達、健豪、志強為名，眾人難免另眼相看。這類異化名字在現實生活上也必然產生很多不便。

此外，過於霸道或幼稚的名字也應盡量避免。用字霸道容易流於狂妄、放肆，無異自曝缺乏修養、對人不敬的缺點，招人厭惡反感，產生壞印象。

霸天、強梁、天王、天才、無敵，甚至總統、總理、總裁、部長等職銜，都是必須特別注意的入名禁忌。萬一採用了這類名字，成為笑柄，每天遭人戲弄，完全是意料之內的事。

再談「幼稚」用字。嬰兒最初誕生，父母長輩關懷備至，正是萬千寵愛在一身，替小生命起一個最親暱的名字，無可厚非，於是小寶、小貝、魚兒、犬子、花花、珠珠、福福，諸如此類的名字盡出。這些名字作為小名，童年時候在家裡叫喚沒問題，一

《名字改變命運》

經正式登記註冊，將來長大後繼續使用，就顯得有點稚氣，似乎尚未成熟，難當大任。

　　古時很多成就顯赫的名人，童年都有難登大雅之堂的小名，例如陶淵明：溪狗；王安石：獾郎；曹操：阿瞞；司馬相如：犬子。他們長大後，都不再使用這些小名。

　　為人父母者，切忌將嬰兒親暱的小名視為永久名字。

# 7. 樂極英年續語大凶

清人筆記《山北異談》記載，山北一户富貴人家，主人妻妾成群，九年間連誕六女，日夜盼望的男丁一直渺無蹤影。第十一年，最後入門的嬌妾有喜，臨盆誕下麟兒。主人歡喜若狂，為新生男嬰起名「樂極」。

主人自此視樂極如珠如寶，寵愛異常，吩咐家中所有人每天早午晚都要面見樂極一次，陪伴他玩樂，叫喚樂極的名字，以示合家歡快同樂。

據《山北異談》説，自幼受到眾人溺愛的樂極，言行不受約束，任性妄為，終因在家玩火，釀成大災，大宅頓變灰燼，應了成語「樂極生悲」的讖言。

樂極一詞源自於《史記．滑稽列傳》：「酒極則亂，樂極則悲，萬事盡然。」「樂極則悲」後來演變成樂極生悲，意即歡樂過度，因而招來悲傷。

替孩子起名，須注意這類四字詞的續後語。起名「江郎」，無異自認才盡。「一木」意味難支。「明珠」暗投，意即寶物不受大眾重視。取名「懷才」，預示不遇，千里馬不得伯樂賞識。「包藏」的續後語就是禍心。再說「紅顏」，等如自命禍水、薄命。以「金玉」為名，富貴氣重，但容易令人勾起「金玉其外，敗絮其中」的聯想，覺得金玉只是虛有其表而已。

從這類眨義詞語中抽取兩個字取名，現象並非罕見。另一個

《名字改變命運》

例子是「英年」，泛指風華正茂的年華，文義頗佳，只是續後語「早逝」，語帶不祥，負面意義非常明顯。

　　中學時，曾有同學名叫英年，經常為此備受同學戲弄：甲同學在旁大叫一聲「英年」，乙同學隨即高聲回應一句「早逝」，彼此一唱一和，英年既憤怒不滿，又尷尬無奈。每天經常面對同學如此嘲弄，他變得意氣消沉，無心向學，成績急劇下降。父母望子成龍，將來是否成龍尚屬未知之數，但在學期間因名字而遭殃，導致消沉沮喪，無心向學，成績劇降，眼前現實可以說已成「可憐蟲」。

# 8. 起名講究學養技巧

每天閱報，常見報上出現的一些名字，字意醜陋惡劣者固然大不乏人，貶義狂妄甚至狂妄粗野者更是大有人在。另有一些名字，可謂庸俗膚淺、不雅兼而有之。

這一類名字，無疑自取其辱，招人反感，留下不良印象，最終影響了對該人的評價，引致龍變蟲。

起名確實是一件完全不簡單的大事，起名者的文化學養和創意是首要的關鍵，其次是對文字運用的技巧。一位學富五車的學者和一個基層老粗所起的名字，顯然大不相同。

為人父母者，如果自覺在這方面有所不足，就該請一位具文化素質的學者高人效勞，替你孩子起名，以免孩子因名字不雅粗鄙而影響終生的運程。

起名的技巧至少有三、四十種，限於篇幅，這裡不便一一細述，但一些重要的禁忌，必須緊記，例如名字切勿採用以下含意的字：醜陋、俗氣、淺薄、怪僻、繁難、疾病、傷殘、粗野、貶抑、拗口。歷史偉人、名人或臭名永留的歷代敗類的名字，或者是他們曾經用過的別字，也應避免沿用。

姓孫、姓李、姓秦、姓吳的人，總不至於貪圖方便，起名孫中山、李白、秦檜、吳三桂吧！

名字過份「直白」，流於簡單化、太直接，缺乏內涵美感，同樣應予避免。黃愛金、何發財、張長壽，這類名字給人的第一

感覺就是膚淺，沒有深度，思維單一，全無味道，可能帶來負面
效果，最終拖累前途。

　　單字名最容易觸犯此禁忌。單名只表達單一的內容，難免因
簡單化而造成淺薄的印象。我們常見的一些舉例，王二、張三、
李四，就是屬於這一類。

# 9. 賠大本肺炎醫死人

　　名字是給人叫的。與他人交往時，一個「字形美、字意佳、音響亮」的名字，往往即時產生意想不到的良好效果，大大提高在人際關係中的份量，縮短彼此間的距離。

　　當然，姓名產生的諧音也必須顧及。「彭佑」讀起來，諧音朋友，令人立感親切和好感。反之，「王愛吟」，諧音馬上使人想到「王愛淫」！貶義、下流、不雅，可說兼而有之。諸如此類的姓名諧音，還是可免則免為佳。

　　報載有個姓裴的年輕人畢業後找工作，為人彬彬有禮，呈交的學業成績也不錯，只是每次寄出的求職信都石沉大海，全無回音。他大惑不解。有朋友告訴他：「你讀一讀你自己的名字，便應該知道原因了。」

　　這人名叫大本，長輩當年為他起這名字，可能出自「成就大業，英雄本色」的期盼，原意頗佳，奈何他姓裴，裴大本三字讀起來就是「賠大本」。公司老闆招請員工，誰都不想公司做生意要賠上巨大本錢！細意想想也是，只怪當年起名時疏忽，沒考慮到姓名讀音招致大忌，造成後患，耽誤了子弟的事業、前程。

　　從事醫護工作的人，尤其必須注意自己姓名諧音引致的不吉利反應。有些姓名讀音的確使病人不僅大驚失色，甚至聞其名而喪膽。

　　百家姓之中，排列第一百零六位的易姓，如果以「思仁」為

名，當上醫生之後，在候診室待診的人乍看主診醫生的姓名，最初可能沒什麼反應，但一經讀出，原來這醫生「易死人」、「醫死人」，情緒還能保持原狀嗎？

　　有一個姓費名艷的女生，考進醫學院後，常被同學笑稱「肺炎」，將來當上醫生，那就是病人背後暗叫的肺炎醫生了。

　　據說有位名叫段珍的護士，病人都很害怕她為自己打針，深恐真的「斷針」。

# 10. 吳道德賈崇善莫端莊

　　有些名字單看字義，確實典雅，且與從事的行業十分相稱，上文提到的「思仁」，配在醫生身上，可算得上無懈可擊。我們平時嘉許某醫生醫德良佳，醫術高明，通常都用「仁心仁術」這四字。醫生思仁，原是「該當如此」，本屬佳名。但配上易姓，一旦叫出來，諧音就引致相反效果，加諸醫生身上，病人不安、醫生尷尬，可想而知。

　　中文同音異義的字很多，名字在書寫的時候，與讀音關係不大，但一經叫喚，就很容易令人產生聯想，想到其他的意義。因此，在起名的時候，必須細意推敲，高聲讀音，藉此避免可能產生的貶義和不雅諧音。

　　有些姓氏讀音特殊，以吳、賈、莫為例，起名時就要加倍注意，這些姓氏後面的名字無論有多典雅，一旦姓氏和名字合併同時叫喚，意義立刻相反。

　　仁義、道德、智勇、崇善、思德、賢良、端莊、賢淑、貞潔、冰清，這類名字反映了父母對子女高尚人格的期盼，意義正面，無一不可取。但是，一套入上述的吳、賈、莫之類的姓氏，姓名的諧音意義立即變成負面。起名時必須兼顧這一點。

　　有個尤姓年輕人名叫永馳，其父母當初大概希望這孩子將來像奔馬一樣，永遠向前馳騁，邁向成功目標，沒想到尤永馳諧音「游泳池」，成了同學的笑柄，最終只好向現實低頭，改名息事

寧人。

　　又有一位朱姓廣東人，名叫錦瑞，從字面看完全沒有什麼不妥，但姓名諧音令人啼笑皆非。朱錦瑞頓變粵音「豬咁衰」，不招人戲弄取笑才怪。

　　父母在替孩子起名時，連姓帶名多高聲讀幾次，發現諧音不雅，立刻修改，上述的負面現象應可避免。

# 11. 標奇立異招人生厭

中國姓氏之中，除了上述提到的吳、賈、莫三姓不容易配置名字，賴、胡、史、閻等姓在起名時也必須倍加注意，避免產生後患。賴有無賴、賴皮之意；胡則令人聯想到胡說八道、胡作非為；史諧音死；閻容易引起地府閻王的聯想。

我們平時說的百家姓，實際上通行的姓氏不止一百，據《中國姓氏大全》收錄的姓氏，目前通用的姓氏共有五千六百多個。《中國姓符》收編的姓氏更多，達到五千七百三十個。《姓氏辭典》的記錄最多，高達八千個。

歷史上有些姓氏曾一度流行，後來消失了，與此同時又有一些人由於逃難、避災等等不同原因，創造了新的姓氏。有專家估計，歷代實際上使用過的姓氏至少有一萬二千個。

在這一萬二千多個姓氏之中，難以配置名字的姓氏當然不限於上述的吳、賈、莫、史這幾個了。

諧音容易產生貶義，固然必須避免，有些字本身帶有貶義，更應忌用。可惜很多人起名時有意或無意使用了貶義字，這現象非常普遍。

胡塗（糊塗）、葉落（葉子脫落）、韋法（違法）、辛苦（辛勞艱苦）、陳規（陋習）、孔洞（破爛）、嚴重（事態嚴峻）、宋終（送終）、孫疾（孫子染病）、謝絕（婉拒）、汪為人（枉為人），這一類明顯帶有貶義的姓名，標奇立異有餘，只是優雅不

足，徒招人生厭，心感沉重。

　　無可否認，採用貶義姓名，有些是無心之失，起名時完全沒有想到姓名隱藏的負面含意；但是，也有一些是刻意為之。

　　刻意採用貶義的字，是因為存在「賤名長壽」的迷信意識，認為姓名反映的意義越差劣，越能保障孩子將來運勢暢順，健康長命。是否如此，只有「天曉得」了。

# 12. 福祿財喜豬狗蛇蟲

名字既是人的記號，更是身份的標誌，應有特定的內涵和意義。字形美、字意佳、音響亮的名字，在令人賞心悅目之餘，同時也給名字的主人平添了一份光彩，大大強化他人的好印象和愉悅感覺。

因此，起名切忌使用醜陋、惡劣、庸俗、膚淺和不思長進的字詞，以免他人感到厭惡，進而產生不佳印象。

有些人喜用豬狗、蛇蟲、禽獸之類的字起名，或用疫症、災禍等字為名，令人一看生厭，留下不快的印象，只好敬而遠之，不相往來，受損失的必然是這類劣名的主人。

黃小狗、何長蛇、趙飛蟲、王少痴、郭邪、許猛狼，這一類名字對自己或者對他人都沒有好處，只可以說自設前途障礙，難以成為大器。

起用這些名字的時候，可能出於「以凶制凶，以邪治邪」的意願，最終給名字的主人帶來終生的心理陰影，長期備受他人另眼相看。

除了上面提到的「以凶制凶，以邪治邪」，歷來常見的名字還有含義庸俗，膚淺、粗野、消極的狀況。

現代很多人仍然按照陳規舊習，給孩子配置福祿財喜、金銀珠寶、花香草盛之類傳統的農民意識慣性用字，與時代新環境遠距脫節。這些庸俗名字難免給孩子造成障礙，嚴重影響他人的印

象。

　　過於直接表白，流於膚淺的字詞，同樣應該避免。張常滿、陸添富、周命貴，這些欠缺內涵、思維單一而乏味的名字，當然說不上藝術創意，自然不容易給人美感。

　　此外，起名還須避忌含義無聊、粗野的字詞。許妹喜、吳轉水、陳過泥、馮大口、陸火財、林帶牛、張銀好，諸如此類的名字難登大雅之堂，無異給孩子穿上一伴破爛衣服，終生影響孩子的人際關係和心理平衡。

# 13. 秦檜潘金蓮林過雲

古時的人恥於大奸大惡的行為，更忌諱與這類人同名，因此在起名的時候都盡量避免與這些人的姓名扯上關係。這一類「惡諱」，例子極多。清代杭州有個姓秦的知府，曾作過一首詩，其中兩句感歎自己不幸姓秦，與歷史上陷害岳飛、遺臭萬年的南宋奸臣秦檜同姓，為此感到慚愧：「自君之後無名檜，愧我而今尚姓秦。」

這樣的感歎可列為典型，姓氏是家族流傳下來，大可不必為此而慚愧。惡諱既然是由來已久的傳統風俗，為己為人事實上都該盡量避免沿用惡人、慣匪、壞蛋的名字，以免引人嘲笑，或望之生厭。

多年前報上登過一則消息，台灣有個名叫潘金蓮的女學生，每天上學都遭到同學恥笑，拿西門慶與她相提並論，更戲稱她妖艷、淫蕩、狠毒。她受不了同學的戲弄嘲笑，天天以淚洗面，後來連學也上不了了，整天躲在家裡，父親自認無知，起錯名字，誤了孩子，只好帶孩子到政府部門更改名字。

潘金蓮是古代名著《水滸傳》人物，在施耐庵筆下，她美艷而淫邪、心狠手辣、搬弄是非、性慾無度，是西門慶的第五房妾侍。幾百年來，潘金蓮的姓名家喻戶曉，在中國的道德觀念中，極少人同情她。

歷史上不少十惡不赦、遺臭後世的奸相、大臣、太監……他

們的姓名都在世人「惡諱」、避之若浼的「黑名單」之內，有識之士都不欲因同名而遭殃。

　　港人記憶猶新的「雨夜屠夫」林過雲，是另一個「惡諱」姓名。的士司機林過雲以夜班工作之便，先後殺害四名夜歸女姓，將屍體帶返家肢解，割下性器官製成標本。此後三十多年來，兇殘變態的殺人手法一再被人提起。莫說林姓市民不會替孩子起名過雲，即使其他姓氏，相信也不會採用過雲為名。

# 第三章　起名法各具巧妙

1. 以姓取名發人深省
2. 名字靈巧配置姓氏
3. 善用成語妙趣橫生
4. 古人名字啟發靈感
5. 字形美字意佳音響亮
6. 借鑑歷代名著精華
7. 經典金句取之不盡
8. 紀念友人討好女友
9. 宇宙天象日月風雲
10. 吉祥鳥獸自然景觀
11. 松柏長青鶯燕飛翔
12. 人生路上顧盼自豪
13. 東南西北一二三四
14. 取名祝融遭人戲弄
15. 採用夢境預兆入名
16. 經典大夢衍生感應
17. 期望孩子光宗耀祖
18. 終成大器衣錦還鄉
19. 四季時序天干地支
20. 不宜襲用偉人姓名

# 第三章
# 起名法各具巧妙

著名作家老舍，姓舒，名字
舍予就是從舒姓分拆出來。

# 1. 以姓取名發人深省

中文構造獨特，姓氏之中，除了丁、尹、文這些單體字，更多的是雙體或三體、四體字。雙體字和多體字姓氏往往成了起名的一個簡易而便利的方法。

著名作家老舍，姓舒，名字舍予就是從舒姓分拆出來。香港名電影編劇家兼報紙專欄作家董千里，名字就是從董字下面重字分解，取名千里。這是以姓取名的其中兩個典型個案。

另一位作家張長弓，漫畫家雷雨田，學者霍雨佳，報紙編輯許午言，名字都是從姓氏分拆而成。胡古月、吳口天、陳耳東、章立早、羅四維、鍾重金，全是由姓氏衍生出名字。

另外有一種狀況，就是從姓氏中摘取其中一部份為名，最為人所知的有：著名音樂家聶耳、商代名相伊尹、宋代學者陳東、歌星胡月……除此之外，盛成、潘水田、謝言、蔡示、楊木、韓韋、秦禾、錢金、趙肖，都是屬於這一類。

有些人從姓氏中發揮想像，尋求同義、互通甚至意思相反的字作為名字。這類姓名不僅有趣，而且發人深省。例如：朱紅，朱和紅都是紅色。這是同義互通的其中一例。

另以夏冰為例，夏天炎熱無冰，姓夏而以冬天的冰為名，這就是意思相反，但很有趣。

從姓氏演化出名字，這類姓名還有：雷震、方圓、黃白、陳新、徐速、馬龍、林木、江湖、江河……

《名字改變命運》


　　以姓氏筆畫增減起名，是一種近乎文字遊戲的方法，有趣而令人回味。清代名小說《鏡花緣》第八十六回，提到一戶姓王的人家，有八個兄弟，請人起名，指定名字必須圍繞王字，結果如願以償。八個名字在「王」字的基礎上添加筆畫，但都不離本姓王：王主、王玉、王三、王丰、王五、王壬、王毛、王全。

　　最奇妙的是，這八個兄弟的名字當時都附加了與名字有關的綽號，令人拍案叫絕。

# 2. 名字靈巧配置姓氏

歷來不少人以姓氏配置意義近似而又互相呼應的名字，造成令人印象深刻的效果。這些以名字配合姓氏形成的組合，不僅含義深長意境佳，而且還強化了父母的良好願望。這可說是傳統上最簡便而又最能發揮良好效果的起名捷徑。

多年前我曾經替一位馬姓小朋友，取名可飛——馬可飛，這三字立刻令人腦海呈現健壯的千里馬快如閃電的馳騁、天馬橫空飛奔遨遊的壯觀景象。更重要的是，「馬可飛」三個字與他天賦的命局巧妙呼應，形成運勢上的強力助緣。一位對命理典籍《三命通會》素有研究的朋友，在看過可飛的生辰八字之後也對這名字連聲叫好，說是姓名與生辰八字的配合天衣無縫，稱讚「妙手出佳名」。

有一位金姓朋友，孩子名叫「生水」。一望而知起名者必定是一個頗具學養的人。《千字文》有「金生麗水」之句，按照五行相生的理論，水生於金，也就是金生水，水為財。姓與名如此巧妙結合，隱含創富生財的期盼，自然給人留下難忘的印象。

起名技法不下數十種，只要稍動腦筋，其實不難替下一代構思出一個新穎獨特的名字。

以姓氏配置意義近似而又互相呼應的名字，日常所見的例子不勝枚舉。以下的舉例僅是隨手檢來：謝天地、杜鵑花、陳述、嚴正、周圍、黃金、許可、金不換、錢通天、張膽、章節、文章、

《名字改變命運》

蘇杭、溫暖、尤其是、魯莽、施施然……

　　人的名字有多個功用，用於稱呼僅是其中之一而已，如果具有鮮明新穎的特徵，進而展現其人獨特的魅力，廣獲他人好感，豈非更佳。

　　可惜時下仍有不少人對起名並不重視，子女出生時，不加思索，隨便套用一個平凡甚至粗俗的現成名字交差。王二、張三、李四、陳五，這些由來已久的俗名，現在仍然舉目皆見，大概就是這個原因。

　　使用這些簡單的數字為名，在以前民智未開的農業社會，不足為奇。時至今日，資訊發達，知識水平普遍提高，不應該再有這種敷衍、隨便的現象。

# 3. 善用成語妙趣橫生

利用四字成語或日常用語起名，也是由來已久的傳統習慣。

成語是中文特有的語言形式，以固定的四字短語表達固定的語意，往往蘊含歷史掌故和哲理，既在文言文典籍中廣泛使用，也在現代白話文和口語中大量出現。

源於成語的名字，不僅寓意深刻，含蓄雋永，且妙趣橫生，文雅靈活。

有些人的姓如果恰好是四字成語中的一個字，再以隨後相連的字作配搭，那就更加絕妙了。著名作家周而復和馬識途，就是善用了周而復始、老馬識途的成語。

天馬行空的四字成語，被一位姓馬的人擷取了其中三個字：「馬行空」，藉此表明了天馬無拘無束、馳騁四方的自由天性。

「葉知秋」善用了成語一葉知秋，是另一個妙趣的例子。

鄭鵬程和鄭萬里兩兄弟，則是巧妙瓜分了成語鵬程萬里四個字。

至於王任重（任重道遠）、黃火青（爐火純青）、馮正君（正人君子）、劉海粟（滄海一粟）、江不凡（不同凡響）、方未然（防患未然）、謝質彬（文質彬彬）、易了然（一目了然）、周義山（義重如山）、劉德重（德高望重）等等古今人物，他們的名字顯然從四字成語中吸取了靈感。

有一位何通海，姓和名巧妙地用了成語百川通海。「何」與

「河」發音相同，河即是川，通海就是匯流歸入大海。

再說利用日常通用的用語入名，古人習慣上將諸色人等大致分為士、農、工、商四大類，士所指的是文人，相近的子、彥、倩，都是對士人的美稱。其中的「子」更是對某些流芳百世的大學問家的尊稱，孔子、孟子、老子、莊子、墨子等都是屬於這一類別。

翻閱史書，高、美、善、官、民、商、師、生、之、乎、其、吾、予、汝、爾、伊、恭、敬、孝、仁、義、道、德等等日用語，原來早已成為人名的一部份。

# 4. 古人名字啟發靈感

戰國時代趙國名宰相藺相如，博學多才，大智大勇，名留青史，給後世人留下了永誌不忘的好榜樣。其後的人多以「相如」為名，藉此景仰寄意，其中不少果然得償所願，以傑出的功業名留後世。

漢代的司馬相如，北周的梁相如，唐代的楊相如，宋朝的王相如，明代的吳相如，清朝的鄭相如、馬相如、錢相如等等名人的名字，都是源於藺相如。清代文學家何金蘭，名字中有蘭，於是採用「相如」為別字。

在歷史上，以名字表達對賢良人物的尊崇敬仰，這現象極為普遍，可說是起名的另一個方法。

教育家鄧初民仰慕治水的大禹，曾經一度改名希禹。

現代以演滑稽戲馳名而成為滑稽四傑之一的演員姚慕雙，原名姚錫祺，少年時代因景仰著名滑稽演員何雙呆，特意改名為姚慕雙，從此平步青雲，終成傑出的滑稽戲表演者。

名和字之外，也有不少人以別號表達對偶像的仰慕。東晉大詩人陶淵明，作品千古傳誦，大受後人擁戴，於是引起很多人以別號表示懷念、景仰。宋代的俞澹以景陶軒為別號；明代張岱，號陶庵；清朝周春，號夢陶齋，都是屬於這一類。

宋代文學家蘇軾，字子瞻，號東坡居士。後世名人以此立號的便有宋代蔣璨號景坡堂；明朝王鍔號夢坡道人；清代馮應榴號

《名字改變命運》

夢蘇草堂。此外，當時還有夢坡室、鄰蘇老人。

仰賢慕賢，以歷史上名人的名字或別號取名，普遍而常見，一直大行其道。

宋代有一位劉子輿，字希孟，孟就是孟子，子輿是孟子的別字。

晏子字仲平，宋代出現了一位姚仲平，字希晏。

顏回字淵，金朝有人取名雷淵，字希顏。呂蒙正、朱熹、韓愈等賢人文人，後世也有不少「粉絲」以他們的名字起名立號。

71

# 5. 字形美字意佳音響亮

名字是一個人的獨特標誌，在起名時，宜力求字形美、字意佳、音響亮動聽，如此才算上乘的善名。

一個優雅的美善名字，能使人永相記憶，不易遺忘，唐代詩人李益因而有「問姓驚初見，稱名憶舊容」之句。

古代女子受重男輕女觀念影響，多以某氏、某婦稱之，見於史冊的女性名字雖然寥寥可數，但不少名字都兼顧了上述的形、意、音三因素。

古時女性活動範圍狹小，接觸的事物有限，名字多局限於姿容（媚、娉、姣、嬌）、德行（靜、婉、淑、貞）、服飾（繡、錦、裳、珠）、用品（黛、粉、線、釵）或花草、禽鳥、顏色、四季之類。

先秦時期之前或傳說中的女性，大部份名字都附有女旁，例如娥皇、褒姒，後期逐漸複雜化，趨向美化，名字溶入「四德」（婦德、婦言、婦容、婦功）。據《明實錄》記載的一批曾經參與宮變的宮女名單，名字都很漂亮動聽。

起名選字時，宜盡量採用筆畫簡單的字。如果自己特別喜愛的字筆畫較多，就必須考慮字的結構是否均衡，這些字的外形是否美觀。

難檢而又生僻的字，不僅不易讀音，而且翻查詞典或輸入電腦都有困難。

## 《名字改變命運》

選妥名字以後，宜將姓與名排成一直行，觀察整個組合是否協調平衡，上重下輕、下重上輕、又或者上下重中間輕、上下輕中間重，都是有失美觀。

再說字意佳。古人以名表德，深信名正則言順，名善則榮，名惡則辱，父母為子女起名，往往憑名寄意，反映他們對下一代的祝願和期望，因此特別重視名字的深意、典雅。

名字固然力求字形美、字意佳，但也不能忽視音響亮。平仄運用恰當，是音響亮的一個重要關鍵。如果姓名中三個字都是仄聲，發音必定顯得低沈；如果都是平聲，就會流於單調，最宜平仄有序，起伏抑揚，如此才可產生節奏感。

# 6. 借鑑歷代名著精華

歷代深受文化陶冶的士大夫，或書香世家一族，在為下一代起名時，每多借鑑千古傳誦的論語、詩經、史記等名著或唐宋詩詞，從中擷取其中精華妙意。這樣起取的名字不僅典雅脫俗，而且意義深長。

北宋著名文學家周邦彥，字美成，名和字就是出自詩經和論語。「邦彥」意即國邦的才子，「美成」有君子成人之美的含意。

魏武帝曹操，字孟德，兩者源出荀子的《勸學篇》：「生乎由是，死乎由是，夫是之謂德操。」孟有勤勉努力修養德行之意。

有茶聖美譽的唐代陸羽，字鴻漸，名字取材自易經：「鴻漸于陸，其羽可用為儀，吉。」

明末闖王李自成，名字源於《中庸》：「誠者，自成也，而道自道也。」

唐朝詩人孟浩然的名字，取材於《孟子》：「君子善養浩然之氣。」

從古代經典吸取精華起名，至今仍是現代文化界廣泛應用的方法。

著名章回小說作家張恨水，名字源自李後主的《烏夜啼》：「胭脂淚，相留醉，幾時重，自是人生長恨水長東。」藉此激勵自己嚴格律己，珍惜寶貴光陰。張恨水創作的小說超過一百部，總字數接近二千萬。

## 《名字改變命運》

女作家謝冰心的名字則是出自唐代詩人王昌齡的《芙蓉樓送辛漸》：「洛陽親友如相問，一片冰心在玉壺。」冰心二字含有光潔透亮、清明正直、品格高尚的深意。

現代著名的台灣流行小說家瓊瑤，姓陳名哲，哲有哲人、聰穎之意，源自《書經》的「知人則哲」，指見識廣博、卓爾不凡的聰明人，因此《詩經》也有「維此哲人，謂我劬勞」之句。原來她父親是一位國學知識深厚的教師，因而能夠引經據典，替女兒起了這麼一個美妙的名字。

長大後的陳哲果然應驗了父親的企盼，成了一個天才橫溢、名揚四海的暢銷小說作家。她以瓊瑤為筆名，瓊瑤即美玉，摘自《詩經》的「投我以木桃，報之以瓊瑤」。

# 7. 經典金句取之不盡

古代文化寶庫中有取之不盡的瑰寶，浩如煙海的經典著作提供的詩文金句，正是起名用之不竭的題材。事實上，很多學富五車的名士，他們寓意深刻、含蓄雋永的雅致名字，都是源出歷代詩文的典故。

歷代的學子從典籍和唐宋詞中不僅吸取了學識養份，而且從中摘取精華入名，長期以來形成了根深蒂固的風氣。

以清新自然的詩文著稱的晉代文學家陶淵明，在長子出生時毫不猶豫，立刻以儼為名，寄望兒子將來恭敬端莊，謙和有禮。儼出自《禮記》：「毋不敬，儼若思。」其後陸續降生的四個兒子，分別名叫俟、份、佟、佚，都各有經典出處，反映了這位自號五柳先生的文學家對下一代的期盼。

唐代詩人孟浩然，名字源出《孟子》「君子善養浩然之氣」。

唐代名士李彭年，名字源於《莊子.逍遙遊》內文記述的彭祖事跡。彭祖是神話中的長壽仙人，享壽八百多歲，傳說是南極先翁轉世化身，在歷史上有很深遠的影響，孔子對他推崇備至。

宋代的方致堯，名字出自詩聖杜甫的詩句「致君堯舜上」。

以下列舉的名字，可供讀者替孩子起名時參考，至於配合姓氏和生辰八字之後是否大吉大利，那是另外的考量了：

「虛竹」，出自唐代詩人白居易的《池上竹》：「竹解心虛即我師」。

## 《名字改變命運》

「永年」、「怡年」，曹操的《龜雖壽》：「養怡之福，可得永年」。

「丹心」、「留丹」，語出文天祥的《過伶仃洋》：「人生自古誰無死，留得丹心照汗青」。

「雲飛」，劉邦的《大風馳》有「大風起兮雲飛揚」之句。

「荷風」、「荷香」，出自孟浩然詩《夏日南亭懷辛大》：「荷風送香氣」。

「雙燕」、「燕雨」，源於歐陽修《採桑子》：「雙燕歸來細雨中」。

「嫣然」、「香飛」，語出姜夔《念奴嬌》：「嫣然搖動，冷香飛上」。

「南絮」，晏幾道《御街行》有「街南綠樹春饒絮」之句。

「妍姿」，出自柳永《雪梅香》：「雅態妍姿正歡洽，落花流水忽西東。」

「弦思」、「雲歸」，語出晏幾道《臨江仙》的「琵琶弦上說相思，當時明月在，曾照彩雲歸」。

# 8. 紀念友人討好女友

有國畫大師美稱的著名畫家徐悲鴻，原名徐兆康，早年生活潦倒，命途坎坷，改名悲鴻，展示他對現實的悲鳴。後來，他獲得兩位黃姓好友黃警頑和黃震之的扶助，代交就讀震旦大學的學費、食宿費，終於完成學業。當初填報入學表格時，為紀念兩位貴人的義助，他即席再次改名，填寫黃扶為名。

為紀念友人而取名或改名，早已習以為常。在一千多年前的宋代，這種紀念形式不僅只是單向而已，也有雙向甚至四向，互為紀念。當時徐照、徐璣、翁卷、趙師秀四位詩人，來往密切，交情深厚，便約定以靈字為名，依序改名為靈暉、靈淵、靈舒、靈秀。這就是歷史上有名的「永嘉四靈」。

名著《家》、《春》、《秋》的作者巴金，原名李堯棠，最初曾用佩竿、極樂、黑浪、春風、甘寧、馬琴等筆名發表著作，後來為紀念朋友才改用巴金。

據巴金自己透露，他早年旅居巴黎時，因體弱多病，聽從醫生吩咐，遷往一個小鎮休養，兼進修法文。當時認識了一個姓巴的同學，這同學不久便去了巴黎，第二年竟在那裡投河自殺。筆名中的「巴」就是為了紀念這位投河的安徽同學。

至於金字，源於他當時翻譯中的一部英文倫理學的原作者的譯名克魯包特金。當時一位朋友看到他書桌上的譯稿，以開玩笑的口脗說，就用這本書作者譯名最後的金字吧，不僅響亮，而且

易記。揚名四海的大作家巴金名字就是這樣形成。

　　還有人改變名字是為了討好女友。傳說民國名人戴笠將軍曾化名余龍，與余姓女秘書出雙出對，在外面應酬。後來他移情別戀，與一位姓金的女子相好。有一次這位金小姐看到戴笠簽署一份文件時仍用余龍名字，醋意大發，面露不悅，戴笠見狀，靈機一觸，立刻在余字下面加了一畫，余龍變成了金龍，最終息事寧人，皆大歡喜。

# 9. 宇宙天象日月風雲

宇宙天象和自然氣象中的日月星辰和風雲冰雪等名稱，歷來都有人用作名字或別號，藉以寄意、祈福、明志或表現非凡氣勢。

歷代以天和宇宙入名的人，數量似乎不少。

先說「宇宙」：震宇、宏宇、曉宇、光宇、翔宇、星宇、浩宇、志宇、鵬宇、征宇、明宇、冠宇、海宙、智宙、鎮宇、耀宇、思宙、宙星、宙峰、宇航、宇恒、宇鴻、宇清、宇佳、宇雄、宇彤、宇曦、宇良、宙昌……以上舉例僅是九牛一毛而已。

至於天字派，舉目皆見的男性就有天澤、天麒、天恩、天民、天奇、天佑、天辰、天昕、天瑞、天舒、天正、天碩、天命、天成、天雄、傲天、孝天、藍天、昊天、鶴天、海天。

以天為名的女性就更多了：天姿、天香、天虹、天穎、天瑩、天婧、天芬、天怡、天秀、天娜、天麗、天琴、天霞、天媛、天婭、天琳、天瑤、天蓉、天娥、天鶯、天燕、天艷、天玉……

明代有位大臣名叫王天宇，現代有作家葵天心，導演吳天，演員古天樂、李天一、馬天宇、饒天亮，都是以天為名。

百家姓中，也有天姓，常見的姓名有天澤惠、天思遠、天鶴凡、天宏飛、天國偉、天馬行、天湘冰、天澤瑞、天亮言等等。

至於以日月星辰、風雲虹霞雷雨等天象和氣象為名的人，這裡且舉列一些歷代名人為例：

明代學者李日華、醫學家朱日輝、現代作家王浩月、前美國

80

《名字改變命運》

加州華裔州務卿江月桂、清代文學家陳星齋、明代畫家張風、現
代音樂家冼星海、現代學者胡風、西晉文學家陸雲、清代詩人沈
虹、現代人湘雲、現代作家洛虹、清代作家朱霞、明代書法家陳
雨泉，清代學者胡雨棠、現代作家張雷、現代詩人黃雨。

# 10. 吉祥鳥獸自然景觀

古往今來以自然景觀、吉祥鳥獸、植物、花草、蟲鳥等等起名寄意，早已司空見慣。本文先談吉祥鳥獸和自然景觀。

龍、鳳、麒、麟等神話中虛擬的祥瑞獸鳥，在名字中用得最多，反映了大眾對平安、吉祥、長壽的期盼。

古時的帝王以龍自許，視自己為真龍的化身，時至現代，海內外的華人也常常自封為「龍的傳人」。

明代著名文學家、名著《警世通言》的作者馮夢龍和同時代的畫家孫龍，都以龍入名，正如現代舉目皆見的文龍、武龍、大龍、小龍、金龍、白龍、飛龍、慶龍、躍龍……等等一樣，無非嚮往龍的祥瑞正氣，內涵深邃，充滿動力。

鳳凰向來被視為美麗、康寧、祥和的象徵，金鳳、銀鳳、彩鳳、丹鳳、鳳鳴、鳳儀，於是這類以鳳入名的名字非常普遍。

自從西漢時劉詢皇帝建立麒麟閣，立像表彰十一位戰勝匈奴有功的將領，此後二千多年，麒麟便成為傑出人物的象徵，聰穎的小孩，常被長輩稱為麟兒。

抗日名將李兆麟、鹿鍾麟和太平天國將領林鳳麟等軍人，都採用了麟字為名。

以山、川、江、河、海、田、溪泉、池塘、峻嶺、岩石、岱、嶂等自然景觀為名的人，就更多了。

宋代文學家黃庭堅別號山谷、晉代將領吳巒、清代經學家孫

《名字改變命運》

之川、清末學者鄭江、書法家田錫田、畫家丘園、現代作家碧野、許地山、陸地等人，都是屬於這一類。

　　有人姓黃，名沙，姓與名互為配合，這類善用自然景觀、妙手巧配的姓名，仿若渾然天成，往往令人會心微笑。江大浪、白雪冰、田園、梅子紅、麥子香、林少樹、池希碧、高原、金湖水、黃秋野、高山青、岳高峰、藍雨雲、江鯨、黃山谷、田野等等姓名，莫不是使人留下深刻印象的妙趣巧配。

83

# 11. 松柏長青鶯燕飛翔

　　為人父母者，誰不希望自己的子女長大後鶴立雞群，出類拔萃，名揚四海，光宗耀祖。色彩豔麗和香味芬芳的鮮花，以及松、柏、柳、楊等長青高大喬木和祥瑞禽鳥，於是成了起名借鑑的元素。

　　前秦著名女詩人蘇蕙、南朝教育家韓蘭英、唐代女詩人宋若莘、元代女文學家薛蕙英、明代女詩人朱桂英、清代女學者朱菊齡、白薇、以至現代名人陳香梅、聶華苓、向梅、梅蘭芳、趙若蘭、孫櫻等人，都是以花入名。

　　源於花、花香、花態的名字，很多都是出自詩文，例如芳菲源於陳亮的《水龍吟》：「恨芳菲世界，遊人未賞，都付與鶯和燕。」嫣然和香飛出自姜夔的《念奴嬌》：「嫣然搖動，冷香飛上。」香韻出於崔道融的《梅花》：「香中別有韻。」梅妝源自歐陽修的《蝶戀花》：「呵手試梅妝。」荷風和荷香出自孟浩然《夏日南亭懷辛大》：「荷風送香氣。」

　　樹木之中，歷代的人對松和柏特別有好感，喜歡以松柏長青祝願長壽，因為「松柏之茂，隆冬不衰」。時至今日，以松柏為名的人極多，據最新統計，重名率超過百分之二。為免以後在日常生活中因名字相同而引致不便或麻煩，還是少用松柏二字入名為妙。

　　鶴、雁、鶯、燕、鷹、鴛鴦、杜鵑、鴻鵠、大鵬、百靈、蝴

蝶、蜜蜂等禽鳥昆蟲，在歷代的名人中都有跡可尋，古有西漢漢成帝第二任皇后趙飛燕，今有歌星吳鶯音。

在詩詞中出現的次數，也是以鶯、燕最多。「翠葉藏鶯，朱簾隔燕」（宋代晏殊）；「綠樹鶯鶯語，平江燕燕飛」（唐代杜牧）；「幾處早鶯爭暖樹，誰家新燕啄春泥」（唐代白居易）；以上僅是浩如煙海的鶯燕詩詞其中三句而已。

# 12. 人生路上顧盼自豪

以姓取名，方法可謂千變萬化，各顯神通，各具巧妙。

一個人如果身懷妙不可言的姓名，無論處世或待人，得心應手的機會必定大為提升，在漫長的人生路上行走，也必定格外顧盼自豪，從而增加不少自信。

不久前，我曾受委託替一名江姓男嬰起名，我詳細推算小寶寶的生辰八字之後，再結合他的姓氏，提供了三個評分頗高的名字給嬰孩的父母從中選擇。

結果，他們選取了最高分的一個：上風。「江上風」這個姓名，不僅聲音響亮，且帶有典雅的詩意：江上清風，山間明月，取之不盡，用之不竭。此外，名字還有「佔上風」的意味。人生路上，誰不希望自己在眾人的劇烈競逐之中常居優勢，處處佔上風，從此脫穎而出，鶴立雞群，出人頭地。

以姓取名，並非所有姓氏都能夠得心應手，巧妙配置滿意的名字。除了賈、莫等姓，在粵語語系地區，較難起名的姓，吳姓是其中之一。

吳有「不」的否定意思，因此起出來的名字，即使蘊含富貴榮華、吉祥如意的意思，一經套入姓氏，便呈現反向。

老一輩的人特別喜歡以福、祿、壽、安、發、財之類的「直白字」入名，如果前面加上姓氏吳，無異全盤否定名字的原意，產生反向效果。

《名字改變命運》


　　事實上，吳姓是中國的一個大姓，以人數計算，排名第九，佔全國總人口的百分之二，在福建省內，比率更高達百分之五。據史書資料，吳姓歷史悠久，歷代名人輩出，唐代著名畫家吳道子、《西遊記》作者吳承恩、秦朝末年揭竿起義的吳廣、清代名著《儒林外史》作者吳敬梓等等，都是歷史上名滿天下的人物。

# 13. 東南西北一二三四

在現實生活中，常見不少人以東、南、西、北、東南、東北、西南、西北、中央、上、下、左、右等方向或一、二、三、四、百、千、萬、億、兆等數量詞起名。

南北朝時候，有位名叫任彥升的學者，給他四個兒子起名東里、西華、南容、北叟，全部嵌入方向，成了當時文人間的談資。

歷史上四大美人之一的西施，其名字原來有個鮮為人知的來歷。據《東周列國誌》記載，西施不是姓西，而是姓施，只因她生於西村，後人於是稱她為西施。

古今以方向為名的人不計其數，這裡舉列一、二以供參考。東：清初有學者計東，今有毛澤東；南：古有書法家任南麓，現代有作家遠南技；西：史西村是明代古董鑑賞家，羅西是現代作家；北：清代宦官于北溟，書法家邵北崖都以北為名。

上：明代將領丘上儀，現代詩人梁上泉；中：南宋詩人王中仙，古文學專家陳中凡；下：唐代官員李下己，唐詩人沈下賢；左：秦漢謀士李左車，清代大臣黃左田；右：唐代畫家王右丞，清末名士陳右銘，民國名人于右任。

數量詞方面，就更加多姿采了。除單位數之外，又有雙位數（元末名人張士誠幼名張九四，清代畫家朱一三）。

更有人以三位數為號（乾隆年間著名學者阮元自號九十八硯齋，名士吳大徵號三百五十四古鉢齋）。

　　杜甫又名杜二甫，白居易別名白二十二舍人，還有李三娘、王四嫂、杜十娘等等，數目字則是排行次序。

　　也有以出生時重量為名：張六斤、趙七斤。

　　元末起義領袖張士誠原名張九四，是以父母當時年齡相加起名。現代作家李喬，小名六十四，那是他祖父當年的歲數。

# 14. 取名祝融遭人戲異

歷代有一個常用的習慣，那就是以人的出生地或原籍作為名字稱呼別人。早在黃帝時代，由於他居於軒轅小丘，因而被人稱為軒轅氏，時至今日，史家仍以軒轅黃帝相稱。

至聖先師孔子，本名孔丘，字仲尼，名和字都出自家鄉曲阜的尼丘山。

唐代詩人張九齡，在廣東的曲江出生，後世稱他為張曲江。唐宋八大名家之一的北宋革新派領袖王安石，原籍江西臨川，人稱王臨川。

書畫名家、現代藝術大師黃賓虹，原名黃質，為了寄託對家鄉的懷念之情，於是起取賓虹為別號。原來他的家鄉安徽潭渡村一座小橋的橋端有一個避雨亭「賓虹亭」。

著名作家老舍（舒舍予）的女兒生於山東的濟南，於是為她名舒濟。

時下常見的一些名字：昆生、京生、穗生、漢生、雲生、榕生、港生、澳生等等，顯而易見這些名字都是源於出生地。

另外有些人，父母為工作需要而離鄉別井，長居外地。他們在異鄉誕下的子女，起名時便結合出生地和原籍的地名構思。湘杭（湖南與杭州）、京寧（北京與南寧）、穗津（廣州與天津）、吉青（吉林與青海）等等名字於是由此產生。

據山海經記載，上古神話人物中有一位名叫祝融的火神，他

90

《名字改變命運》

和水神一向不和，即我們現在常說的水火不容。有一次，火神和水神發生驚天動地的大戰，水神不敵敗走，撞毀支撐天穹的不周山，天火迅速由九天之外傾瀉下來……後世人聞火災而色變，因此稱火災為祝融之災，火災引致的損失稱為「付之祝融」。

傳說有人為了懷念故鄉的祝融山，給孩子起名祝融。這位祝融長大後所到之處，常因名字而受嘲笑戲弄，人皆以火災、大火稱呼，看到他出現便故作「驚呼」：火災又來了。祝融尷尬不在話下，這是父母當初起名時意想不到的結果。

# 15. 採用夢境預兆入名

自古至今，起名方法何只百種，通常使用的大約三四十種。翻閱《中國人名研究》，所列的技法洋洋大觀，令人目不暇給。另據《綽號文學的研究》一書說，單是起取綽號，方法就有二十種之多。

在古今為子女起名的無數根由之中，源於父母夢境預兆是頗為普遍的一種。

古往今來有很多關於夢的典故，最為人知的有孔子夢周公、燕姞夢蘭、莊周夢蝶。此外，又有經典的羅浮夢、南柯一夢和黃粱一夢等等，都啟發了後世人為孩子起名的靈感。後來又有江淹夢中得彩筆、李白夢見筆生花等等。

關於夢筆生花，據唐人馮贄《雲仙雜記》記載，李白年輕時曾夢見筆頭生出花朵。後人從此以「夢筆生花」形容才思出色，常受特殊靈感啟發而寫出絢麗多彩的文章。夢筆生花一語又寫作「筆底生花」、「筆頭生花」、「生花之筆」、「夢筆花生」。

深信夢是預兆，嬰兒即將降生，父母如得吉夢，便預期孩子將為人中俊傑，以夢兆替給孩子起名。

傳說黃帝白天睡覺時，夢遊華胥氏之國，其樂無窮，但回首追念又悵然不已。後世以「夢華」比喻緬懷夢境般的愉快往事，不少人更以「夢華」為孩子起名。

宋代時，陸母夢見當時文學家秦觀（字少游），後來在風雨

# 《名字改變命運》

交加的淮水一艘官船上產子，於是取名陸游，字務觀。這兩位傑出文學家因其名和字都近似，常被學者相提並論。

冼星海的母親懷孕時，夢中抱著一個孩子坐在船頭，仰望夜空，目睹一顆流星飛落海中。她朝著星落的地方搖船過去，撈起星星。她將夢中的所見告訴丈夫。丈夫說：「孩子生下後，就叫『星海』吧！」音樂家冼星海的名字便由此而來。

# 16. 經典大夢衍生感應

周文王曾夢見有一隻長翅膀的熊，飛入懷抱。第二天召人解夢，認為是佳兆，預期有才智之士前來輔佐，於是四出尋找，終於在渭水邊遇見直鈎垂釣的姜太公。

《詩經．斯干》寫婦人夢見熊羆而生子，「夢熊」從此成為祝賀添丁的慣用語。後世人因而常以「夢熊之兆」喻意得遇賢才或懷孕男丁。

歷代以夢蘭、夢花、夢周、夢蝶、夢筆、夢龍、名夢、夢熊為名的「夢族」，人數不少。

香港有一位姓劉的新聞人物，就是名叫夢熊，曾因多宗不同事件數度成為媒體焦點，最後一次是涉犯刑事案被判即時入獄。

源於父母夢境預兆或者歷代經典夢故事的名字，古往今來可謂數之不盡。

《左傳》在二千多年前曾記載，當時鄭國國君鄭文公一名懷孕妾侍燕姞，夢見天仙送一束蘭花給她，預告她將生一男嬰。燕姞後來果然產下男嬰，鄭文公為圓應夢兆，替男嬰起名「蘭」，即歷史上的穆公。後世以「夢蘭」、「徵蘭」比喻女子懷孕，源出於此。

唐代大詩人李白母親身懷六甲，夢見太白星，後來為子起名「白」，字「太白」。岳飛生母有一天，夜夢大鵬飛臨其屋，遂替子起名「飛」，字「鵬舉」，都是源於夢兆。

## 《名字改變命運》

宋朝象棋高手文時用，夢見自己即將出生的孫兒騰雲駕霧，後來替初生孫兒起名「雲孫」。雲孫就是宋末名相、曾作《正氣歌》的文天祥。

還有一類是夢見古人在夢中出現，或自己與美人夢中浪漫相會等，這類夢境傳說在歷代的稗官野史中多如過江之鯽。《搜神記》、《世說新語》《剪燈新話》等名著以及家傳戶曉的《聊齋志異》，也輯錄了不少這類「夢故事」，為「夢之名」提供了豐富的題材。

# 17. 期望孩子光宗耀祖

望子成龍，望女成鳳，長大後光宗耀祖，原是每一對父母的基本願望，他們往往以名寄意，把自己的期許寄託在孩子的名字上。

據《名字與宗族思想》一書說，光宗耀祖的觀念是父母對子女的期盼之一。這觀念大致分為四類：一是承先，二是啟後，三是繼業，四是興家。紹祖、孝先、敬祖等名字是第一類；裕孫、榮孫、正嗣是第二類；繼光、紹裘、克武屬第三類；至於耀宗、光祖、興業則屬於第四類。日常生活中，類似的名字可說舉目皆見。

光宗耀祖、榮宗耀祖或光耀門庭的「耀」字，本指為祖先增添光彩，有照耀、光輝、榮譽、閃爍、耀眼、大放光明的意思。不少對「耀」字情有獨鍾的人，深信放入名字中，自然也會帶着巨大能量，光彩耀目。

因此，反映這種根深蒂固觀念的傳統四字詞，比比皆是。「光前裕後」就有類似的意思，至於「芝蘭玉樹」、「謝蘭燕桂」、「謝家寶樹」、「謝庭蘭玉」等成語，則比喻後代子孫名成利就、功業傑出，光耀家門。

期盼後世子孫科場得意，名列前茅，從此出人頭地，永享富貴，更為宗族增添光彩，既然是百姓夢寐以求的理想目標，於是將希望寄託於兒孫的名字上，企盼將來憑藉佳名一舉榮登金榜，

《名字改變命運》

成功步入官場，在仕途上平步青雲。

　　日夕懷著這些希望的人，因此最不想看到吳敬梓名著《儒林外史》第一回的一句話：「做官恐怕不是榮宗耀祖的事，我見這些做官的最終都不見得有什麼好收場。」

　　有「新加坡國父」之稱的華裔政治人物李光耀，可說是光宗耀祖的典型人物，不僅名字包含「光耀」，一生事功成就的確也體現了光耀門庭的傳統家族觀念。

　　光宗耀祖的觀念，不僅植根於年長的一輩，連小孩子也同樣根深蒂固。曾在報上看過一段校園訊息：某小學班主任主持課外活動時，將學生分成幾個小組，吩咐他們先為自己的小組起一個名字，方便識別。於是出現了如來佛組、光宗耀組⋯⋯這些令人發笑的組名。學童小小年紀，竟有無限創意。

# 18. 終成大器衣錦還鄉

　　二百多年前以皇帝欽差大臣身份，大舉收繳英人鴉片，在虎門引火銷煙而名震天下的林則徐，當年出生時，適逢福建巡撫徐嗣曾新官上任，官府大隊人馬剛好在林家門口經過，鼓樂喧天，前呼後擁，鄉民站立兩旁觀看，場面非常壯觀。

　　林家上下看到這般聲勢，高興異常，認為這是林家嬰兒降世吉兆。林父於是為孩子起名「則徐」，期望他將來長大後，也像眼前的徐嗣曾一樣，平步青雲當上大官，光宗耀祖。「則」有效法、步其後塵之意，「徐」指的當然是這位顯赫新官了。

　　林則徐後來果然成大器，當上朝廷特命欽差大臣，而且不負眾望，立下大功，名留青史，受後人景仰。

　　中國古代很多家族都將「光宗耀祖」作為家族成員的人生目標，期望考取功名，富貴榮華，衣錦還鄉，從而光耀祖宗。

　　因此，宗族的字輩都用含意良好的字，編成四言或五言或其他形式的韻文，表達光宗耀祖、興旺發達之意。這些韻文讀起來順口、押韻，便於宗族子孫記誦、沿用、記入族譜。

　　根據傳統，族譜一般只記載男性的名字，於是很多家族只規限男性依字輩取名，稱為譜名。不同姓的字輩系統固然不同，同姓但支派不同，也有完全不同的字輩系統。

　　籍貫浙江奉化溪口的蔣中正，家族輩序是「祁斯肇周國，孝友得成章。秀明啟賢達，奕世慶吉昌」。蔣中正屬於周字輩，譜

## 《名字改變命運》

名蔣周泰，後代便依此輩序取名：兒子蔣經國，孫蔣孝勇，曾孫蔣友柏，玄孫名蔣得勇。也有些家族是男女各有不同的字輩。如果所有的字用完了，便由家族的族長統一確定接下去的字。

本文作者尚依稀記得先輩提過的本家家族輩序：「孟道德朝重，宏仁耀本宗，修為崇正大，華國裕文章。」只是我們這一代已經未有在名字之外，再依隨上述族譜輩序另起新名了。

一些佛教或道教派別，也是這樣起取法名或道號。武俠小說《天龍八部》少林寺的虛竹就是「虛」字輩。

時至現代，依據輩序取名的人漸趨稀少，有些人甚至根本不知道自己的字輩。

# 19. 四季時序天干地支

利用小寶寶出生時的時序起名，是中國文化中極為普遍的現象。一年春夏秋冬四季、十二個月的名稱、十天干和十二地支，為起名提供了豐富的參考資料。

單是春天，便有很多不同名稱：三春、青陽、韶節、蒼靈、陽節、九春、豔陽、淑節、陽春、青春等等，於是出現了迎春、惜春、陽春、青陽這些名字。

夏天、秋天、冬天，同樣各有不同的別稱。

一年之中十二個月，在歷史上也有各不相同的別名。以開首的正月為例，別名有二、三十個之多：建寅、孟春、太簇、陬月、寅月、春王、嘉月、首陽、新正、復正、歲首、發歲、就歲、肇歲、芳歲、華歲、早春、孟陽、冠月、元月、孟陬、徵月、初月、開發、首春、泰月等。

至於十天干：甲、乙、丙、丁、戊、己、庚、辛、壬、癸，和十二地支：子、丑、寅、卯、辰、巳、午、未、申、酉、戌、亥，如果按次序相配，便可成六十個組合，變成甲子、乙丑、丙寅、丁卯等紀年方法，周而復始，每六十年重覆一次，稱為六十甲子。

以上的資料，成了起名的重要元素，很多父母便利用季節、月份、天干地支替當時出生的孩子起名，作為一種紀念。

干支配年、月、日、時，合起來剛好是八個字，因此又稱為

《名字改變命運》

八字，即生辰八字。在歷史上，套用八字也是起名常用方法。善用這些元素起名，往往有陸遊詩中說的「文章本天成，妙手偶得之」的異曲同工之妙。

早在殷商時代，使用時序入名已經成為流行的習慣，這種起名法不僅簡便、直接、雅俗共賞，而且頗具紀念意義。

時至現代，這種起名法在民間仍然很普遍。著名相聲演員侯寶林，乳名酉，原來他生於酉時（下午五時至七時稱為酉時）。文學家楊公驥，生於中午時分，於是祖父為他起名楊正午。

其後又有人以二十四節氣為節氣當日出生的孩子起名，套入立春、雨水、春分、清明、谷雨、立夏、小滿、夏至、小暑、立秋、處暑、白露、秋分、小雪、大雪、小寒、大寒、寒露等等節氣名稱。以當時節氣取名，如能配合生辰八字五行和喜用神，無疑也是天造地設的緣份。

# 20. 不宜襲用偉人姓名

有位姓康的朋友名叫熙，一直以來無論就學或畢業後入了公司任職，都以康熙的姓名示人。身邊的朋友都笑稱他「皇上」，這位「皇上」自己十分享受這種厚遇，感覺良好。

忽發奇想，假定他姓秦，父母必定不會替他起名檜，襲用秦檜的臭名立足人世。

歷代很多人習慣上沿用偉人或先賢的名字為名。堯、舜、孔孟、唐太宗李世民、漢高祖劉邦、詩人李白、杜甫、王維、辛棄疾、李商隱、杜牧、歐陽修、柳宗元、白居易、王安石、政治家蘇秦、張儀、諸葛亮、曹操、王昭君、西施、花木蘭、趙飛燕、蔡文姬、李清照等等隨手舉出的人名，事實上歷代都有不少人因利乘便，順手連姓帶名套為己用，以致造成混亂。

崇敬偉人，仰慕先賢，激勵自己積極向上，無可厚非，但套用這些歷史著名人物的姓名據為己用，又是另一回事了。

襲用古代賢人偉人的姓名起名，不等於對他們行為和成就的崇敬仰慕，更不等於以他們為榜樣，成就大業，發揮創新精神。事實上，這是毫無創新精神的抄襲行徑，不值得鼓勵。

從另一角度而言，襲用古人的姓名為己用，而自己成就並不出色，只屬泛泛之輩，豈非玷污了大人物的歷史英名。又假定自己成就超卓，與前賢齊名，甚至超越前賢，結果只會產生混淆，給後人添煩添亂。

## 《名字改變命運》

唐代詩人孟浩然之後，很多人追隨效法，以浩然為名，幾乎達到泛濫程度，可惜後世無數的浩然，不論詩名和成就，都與唐代大詩人孟浩然相差極遠。

現代如果有一個姓孫的人起名中山，以「孫中山」這個姓名投身社會，試想大家會有什麼反應？

從起名的角度而言，為避免同名或同姓同名引致重名，必須忌用偉人、先賢的名字。

# 第四章　配合五行及五格

1. 天賦八字極差怎辦
2. 上佳名字改變命運
3. 吉名納福凶名招禍
4. 力求五行陰陽平衡
5. 運用五行起名助運
6. 五行順序排列入名
7. 用於抑強扶弱補缺
8. 在名字中添補不足
9. 名字帶火因火焚身
10. 易卦深意千變萬化
11. 五格數理判斷吉凶
12. 算筆畫須注意兩點
13. 熊崎理論無稽荒謬

# 第四章
# 配合五行及五格

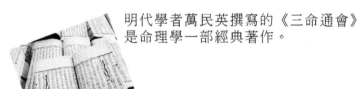

明代學者萬民英撰寫的《三命通會》
是命理學一部經典著作。

# 1. 天賦八字極差怎辦

　　古代女子沒有自己的事業，當然也就沒有獨立的財政收入，因而婚姻成了生命中唯一影響終生生態的大事，婚姻的成敗關乎一生的幸福。但是，萬一天賦的生辰八字極差，不但不利夫，甚至傷夫、剋子，應驗了命理典籍名著《三命通會》所說的「夫星干支失位，生月失時，柱中又逢沖剋，時支亦不生扶，兼且印綬重逢盜夫之氣，剋子之甚，夫子不能旺……」對於當時的女子，如此生辰八字的確可悲。

　　我曾見過一位年逾八十高齡的老婦，孤獨無依，晚年依微薄的綜緩過活。原來她幼年喪父，靠母親養育成人，婚後不久，丈夫去世，唯一寄望的獨生子在她進入晚年後也因病離世。

　　這類「幼年喪父，中年喪夫，晚年喪子」的慘痛遭遇，主因源於生辰八字的嚴重缺失。類似的嚴重缺失雖然並不普遍，但亦非罕有。

　　《三命通會》卷七對這類八字有非常詳細的論述。上述老婦的八字可能已經不單是傷夫剋子，而且剋父。

　　明代學者萬民英撰寫的《三命通會》十二卷，是命理學一部經典著作。清朝出版的《四庫全書總目提要》對該書評價極高：「自明以來談星命者，皆以此本為總彙，幾於家有其書。……其闡釋子平八字遺法，於官印、財祿、食傷之名義，用神之輕重，諸神煞所係之吉凶，皆能採撮群言，得其精要。」可知該書確實

《名字改變命運》

是明代以來非常重要的一部命算類經典名著。

　　古人於是利用五行學說，為幼年兒女、尤其是在嬰孩階段，及早在他們的名字上注入五行元素，保持生辰八字中陰陽五行的平衡，藉以提升嬰孩未來的運勢，進而改變前面所說的那種慘痛生態。

　　反映儒家思想智慧的五行學說，因而逐漸成為歷久不衰、廣受重視的起名方式。

　　起名時首要考慮的，是生辰八字中日干強弱反映出來的身旺身弱。旺或弱通常綜合判斷，得時、得令、得地、得生、得助者為旺，反之則弱。判斷的過程頗為複雜，差之毫釐，失之千里，身旺身弱判斷錯誤，一子錯全盤皆錯，據此而起取的名字不但無助改善運程，反而造成負累。

　　當然，起名時還得考慮生辰八字中的喜用神。以下各篇將詳加解說。

# 2. 上佳名字改變命運

　　世界上生辰八字相同的人極多，但其人生運程和際遇截然不同，究竟是怎麼回事呢？面相和風水有異，固然是這種差異的重要因素，姓名的助緣也有潛在影響。

　　有些人雖然同姓同名，但運程際遇完全歧異，那是生辰八字不同的緣故，與名字無關。

　　傳說姓名學力求姓名配合生辰八字，並非無的放矢。

　　如果一個人天賦條件較佳，即生辰八字並無重大缺陷，但後天起取的名字未能作出適當的配合，錦上添花，提升天賦的良好條件，該人未來的運勢也不可能更上一層樓，踏上暢通無阻的大道坦途。

　　因此，只有對命局全面分析，才能夠替小寶寶起取一個配合五行的上佳名字。不懂八字的人，未能掌握命局五行的數據，不可能替孩子構思一個終生受用的佳名。

　　雖說生辰八字對人一生運勢的影響最大，但是，如果名字差劣，也會造成負面效果，拖累大運。有些人長大之後進入社會工作，發現處處遭遇阻滯，諸事不如意，似乎荊棘滿途，於是興起改名的念頭。

　　事實上，改名的確不失為改善運勢的可行途徑。常見影視界很多星途暗淡的所謂「衰星」，忽然間更換了名字。驟眼看字幕上的名字，還以為是另一個新人，原來面孔依舊，只是換了「包

裝」。

　　舊名字的格局不佳，未有協調生辰八字的喜用神和五行，自然影響一生的運勢和人際關係，處事不能得心應手。

　　如果姓名格局佳美，足以協調命局的五行和喜用神，天生八字所隱含的負面影響自然能夠得到適當的舒緩和化解。

# 3. 吉名納福凶名招禍

專家長期研究發現，有些人處於「當旺」運勢時，他姓名中顯露的五行，剛好是他生辰八字中的喜用神。相反，某些人倒霉失運時，名字中的五行數據正是刑剋他生辰八字喜用神的五行。

顯而易見，姓名所用的文字與天生的命局有密切的關係。因此，起名時如果發現生辰八字中的用神軟弱無力，在名字中適時作出補救，巧妙善用五行，就可以在人生陷於低谷時扶持一把，不至於一沉到底。

一個人天賦的生辰八字佳美，而姓名又能作出恰當的配合，固然有美好暢順的人生。萬一生辰八字發現先天缺陷，但後天根據命局五行數據及時作出調整，協調生辰八字的喜用神和五行，構思一個終生受用的佳名，在未來一生能發揮生扶輔助的作用，也能在困境中披荊斬棘，克服先天缺陷帶來的各種障阻，因而轉危為安。

由此可知，利用名字配合、調整或協調天賦的命局五行，提升未來的運勢，對人的一生非常重要。

因此，起名之前必須先推算該人的生辰八字，準確找出命局的喜用神，也就是對該人最有利的五行，再選取「字形美，字意佳，音響亮」的字入名。不懂命理學的人，一定不可能準確推算八字。

姓名好壞吉凶，是佳名還是劣名，決定於姓名中隱藏的五行

數理，並非僅僅視乎字形字意字音。名叫榮華、富貴，或英勇、威武的人，未必榮華富貴、英勇威武，最終要看名字中五行數理的吉凶。吉名能納福，凶名可招禍。

　　配合生辰八字的五行，起取一個大吉大利的佳名，在人生道路上發揮扶助的作用，無論如何應該不是一件無聊的事。坊間常說的「不怕生壞命，只怕起錯名」，顯然並非無的放矢。

# 4. 力求五行陰陽平衡

運用五行學說替孩子起名，是儒家思想智慧的反映，在歷史上早已成為一種常態。這種起名方式不僅隱含了後代生生不息、世代綿延不絕的期盼，更為前世、今生、來生的輪迴觀念開闢一條大道。

古代平民，盼望憑藉上佳的名字改變身處的卑微社會地位，孩子從此生活安逸，後代子孫富足無憂，世代興旺。

現代有些人採用其中最簡便的方式，生辰八字（即年月日時四柱的天干地支）最欠缺金，便在名字中選用帶金的字，欠木選木，欠水補水，餘此類推。又或者從命理角度，補充用神五行。

常見一些人的名字用了帶有金木水火或土偏旁的字，很多都是出於填補生辰八字的不足。

南宋奸臣秦檜，三代的名字就是採用五行相生的學說，秦檜（木旁）的兒子，名叫秦熹（火），孫子秦塤（土）；三代人名字五行的次序是木生火，火生土。

魯迅小說《故鄉》中提到的少年閏土，「閏月出生，五行缺土，所以他父親叫他閏土」，也是屬於五行入名的一類。

父母在兒女的名字上注入五行元素，力求陰陽五行的平衡，並非一件壞事。

從保持心態安穩、心理平衡的角度而言，給孩子起一個兼顧命理五行的名字，的確無可厚非。無怪乎時至今日，仍有不少父

母仍然堅持這一套行之已久的古老傳說理論。

　　運用五行學說判斷人的稟賦，然後依據稟賦的五行起名，正是憑藉這種古老理論，最後發展成為廣泛流行的以生辰八字起名的方式。

　　現代的命理學家替人起名時，多以該人生辰八字的喜用神為依據。如果喜用神是金，便在名字中加添金旁字，喜用神屬木，便添加木旁字，如此類推。

# 5. 運用五行起名助運

命理學所指的喜用神，是喜神和用神的合稱。命理學將人出生的年、月、日、時分作四柱，每柱配上一天干和一地支，合共八字。八字不同的排列和組合，包含不同的陰陽五行信息，構成各種不同的命局。「喜神」是對「用神」發揮生扶作用的陰陽五行元素。

四柱命局以用神為核心，用神健全有力與否，影響人一生的命途；五行補救與否，影響人一生的運勢。凡用神的助緣不足，四柱中有生助用神者，或四柱刑沖剋害用神而能化凶神，制凶神者，就是喜神。四柱沒有用神，就得靠流年運來補救或者依靠後天起名扶助。

傳統的儒家哲學思想重視天人合一，強調天與人的共融，視為人與自然和諧關係的重要依據。五行理論認為，人出生的年、月、日、時（即所謂生辰八字），隱含天賦的五行之氣。

五行理論認為，每個人出生後一生運程的高低起伏，幸與不幸，富貴或貧窮，都與天賦的五行之氣息息相關，於是世人便在名字上入手，透過名字的組合，補充自身或兒孫生辰八字中五行的不足。

在命理上，出生年、月、日、時稱為四柱，每柱二字，由天干、地支組成，共計八個字，例如丁酉年、丙午月、庚辰日、壬午時，就是天干地支八個字構成的四柱。

《名字改變命運》


　　將四柱的天干、地支對應五行，就是人的生辰八字的天賦五行。十天干的甲、乙屬木，丙、丁屬火，戊、己屬土，庚、辛屬金，壬、癸屬水。十二地支的寅、卯屬木，巳、午屬火，申、酉屬金，亥、子屬水，辰、戌、丑、未屬土。

　　用金、木、水、火、土構思名字，調和八字中五行的不足，是歷來起名時常見的現象。從心理而言，藉後天的起名改善天生八字五行陰陽的平衡，至少滿足了提升未來運勢的渴求。

# 6. 五行順序排列入名

最早見於《尚書．洪範》，其後在戰國時代大行其道的五行學說，以日常生活中習見的金木水火土等五種物質，對應人世間萬物的起源和生剋制化。這學說貫穿中國歷代思維觀象的各個領域，同樣反應於起名、命名、改名等方面。

在一千多年前的唐、宋時代，就盛行利用五行相生，即金生水，水生木，木生火，火生土，土生金的原理，幾代人依次排列起名。

唐代有個姓畢的家族，一連四代就是採用木火土金相生的順序排名。老太爺畢構，兒子名叫畢炕，兩孫分別叫畢坰、畢增，四個曾孫分別叫畢鎬、畢鑲、畢鍒、畢銳。四代由木生火開始，火生土，至土生金。第五代以後是否繼續相生下去，可惜史籍沒有記載。

宋代著名學者朱熹的家族，是另外一個以五行翔升為序的例子。朱熹（部首五行屬火）的父親名叫朱松，兒子朱墅，朱埜、朱在（部首五行屬土），孫子名鑒，曾孫朱浚，五世朱林，六世朱炯，七世朱墅。由父親朱松開始，依據木生火，火生土，土生金，金生水，水生木，木又生火，火再生土。七代人起名按五行排列，循環相生，生生不息，不僅對應天地大德，而且隱含家族的倫理關係。

明朝開國皇帝朱元璋曾經為二十四個兒子的後代世系，各擬

《名字改變命運》

定了二十個字，每個字為一世。他規定後代子孫取名時，第三個字的部首必須用「五行偏旁者」，即以金、木、水、火、土為偏旁的字，而且要以火、土、金、水、木為順序，即以五行循環相生為順序。朱元璋的兒子朱標、朱棣都是木字旁，因此從孫子輩開始便要按火、土、金、水、木為序，妄想千秋萬代順排下去，永享江山。

　　明末清初畫壇宗師、自號八大山人的朱耷，傳說是朱元璋第十七子的九世孫，有些人表示懷疑，但從他的本名朱由桵判斷，第三個字部首木，剛好與該世的輩份字首吻合，皇族身份應屬可信。

# 7. 用於抑強扶弱補缺

　　南宋時代謀害岳飛的奸臣秦檜，父子三代用的名字也是採用五行排列。秦檜兒子叫秦熹，孫兒秦塤，三代人順應木生火，火生土的相生次序。

　　古代社會上層人物的家庭，很多都採用這種五行循環相生的理論，為後代子孫取名，期盼生生不息，子孫綿延。

　　至於民間百姓，雖然也有同樣願望，但限於生活環境，難作跨代的長遠打算，只好著眼於眼前的現實。他們更重視的是如何改變自己或子女的命運，因此在取名時只是利用五行平衡先天不足。實際的操作是，在用字上利用「抑強，扶弱，補缺」的原則，平衡生辰八字的先天五行。現代大多數人就是遵循古時民間流傳下來的這種簡單方式起名。

　　五行學說可以說是一種原始系統理論。這學說認為，大自然的現象由「木、火、土、金、水」這五類氣的變化所總括，不但影響人的命運，同時也使宇宙萬物循環不息；它強調整體概念，反映了事物的結構關係和運動形式。中國自古至今的時序符號「十天干」，其意義與五行搭配陰陽，密切相關。

　　五行中的木、火、土、金、水並非獨立分離，而是緊密地結合在一起，並有其內在的秩序及規律，五行演化的秩序規律包括相生相剋的循環，以及生剋制化的平衡關係。

　　木易於燃燒，化生為火；火燒盡則化為灰燼，化生為土；土

中含有礦物，礦物被開採提煉為金屬，從而化生為金；加熱後的金屬經冷卻，小水點凝結在金屬上，從而化生為水；水灌溉樹木生長，從而化生為木。按著這個規律，五行不斷互相化生，循環不息。

　　源遠流長的五行學說，還廣泛應用於中醫學、堪輿、命理、相術和占卜等領域。五行真實反映了陰陽演變過程的五種基本動態：水（代表潤下）、火（代表炎上）、金（代表收斂）、木（代表伸展）、土（代表中和）。

# 8. 在名字中添補不足

　　古人利用五行相生的原理，作為歷代子孫排序的依據，藉以生生不息，源遠流長。如前文所說，這種起名方式，在歷代上流社會早已成為常態，反映了當時上流社會代代相傳的生存理念，可說是中國文化智慧的實際表現。

　　至於普羅大眾，他們重視的是期望下一代脫離貧窮，生活富足，從此改變命運，遠離低下卑微的社會低層，晉身社會上層。這種心態反映在起名上，就是善用生辰八字稟賦的五行之氣。

　　生辰八字所指的，是一個人出生的年月日時所配上的天干地支的八個字。例如 2018 年陰曆狗年就是戊戌年，再附配月日時各兩個字，合共便是八個字。

　　按照傳統的說法，十天干之中的甲乙屬木，丙丁屬火，戊己屬土，庚辛屬金，壬癸屬水。十二地支的子亥屬水，寅卯屬木，巳午屬火，申酉屬金，丑未辰戌屬土。

　　在起名時，視乎小寶寶出生時生辰八字欠缺五行中哪一種元素，便在名字上補加所欠缺的五行，欠金補金，欠水補水，欠木補木，欠火補火，欠土補土。這是歷來最常見的簡單操作。

　　這種起名方式，蘊含著父母對孩子的寵愛和寄望。他們把自己的期許注入孩子的名字中，並藉此潛移默化，薰陶孩子。

　　現代常見一些人的名字採用鑫、淼、森之類的字，可能就是命中缺金、缺水或缺木，又或名字中採用了土、金、水、木、火

等偏旁的字為名，可能也是出於同一心態。他們的父母藉此為孩子「改運」，免因缺乏某一五行而在未來的生活中影響運程。

# 9. 名字帶火因火焚身

運用八字五行配合起名，最初盛行於宋代上層社會，其後逐漸普及至民間百姓。

自從明朝第二個皇帝惠帝在宮中出事之後，這種起名方式在明代曾經一度成為官民熱烈議論的話題。

事緣明太祖朱元璋以皇孫命中缺火，於是親自為他添火，找一個帶火的「炆」字，起名允炆。朱元璋臨終時，因太子朱標早逝，因此遺命傳位給朱標之子允炆，是為明惠帝，年號建文。

傳位給這位惠帝允炆之後，由於各地藩王兵權在握，大多跋扈不馴，乘機造反，以致內亂不絕。在後來的「靖難之役」中，允炆在皇宮內放火自焚，終於因一把火而喪失了性命。

惠帝生辰八字是否缺火，喜用神又是否準確屬火，現已無從稽考，只是當時的官府和民間都為此議論紛紛而已。有人說，即使五行欠火，可用作補充火的字非常多，不必一定選用「炆」。炆是一種烹調方法，意即用火熬食物，選擇「允炆」為名，意即「允許火熬炆烹」，無異自我詛咒，顯然起錯名字。

取名的關鍵是選好字，上古時期比較簡單，如殷王固定用天干入名。到先秦時期，起名逐漸講究。魯國大夫申繻奉命替太子起名時，曾提出選字五個原則：「有信，有義，有象，有假，有類。」申繻的解釋是：「以名生為信，以德命為義，以類命為象，取於物為假，取於父為類」。

122

## 《名字改變命運》

現代流行的重字名（雙名）、姓名同字同音，也是古人的忌諱，即使命局五行有此需要，也應該避免。這類雙名在古人眼裡是身份低賤者的用名，一般侍妾、青樓女子才用雙名。唐代文學家元稹的妾侍鶯鶯、秦淮名妓陳圓圓，都是流傳千古的雙名。

此外，《青樓集》提到的元代名妓李心心、于盼盼、于心心、魏道道、趙真真、汪憐憐等名字，都是屬於雙名這一類。時下常見的冰冰、芳芳、妞妞、娜娜、媚媚等等女子雙名，讀起來讓男人有一種軟綿綿的愉悅感，但是社會上有頭有面的「上等人」，特別是陽剛氣盛的男性，都不宜採用雙字為名。

# 10. 易卦深意千變萬化

八字五行之外，又有不少人運用八卦配合起名。長期以來，由於用作占卜吉凶的八卦蒙上了一層神秘色彩，這對於在日常生活中特別渴求趨吉避凶的人，尤其增加了強大的吸引力。利用八卦起名的念頭於是由此產生。

在古代，很多人都利用八卦的卦名或八卦代表的方位起名。早在二千年前的漢朝，就有兩位大臣用卦名起名：楊震、郭震；南宋有大儒朱震及其弟子朱巽；明朝將領李震、文學家茅坤、學者呂坤等等都是史書上顯著的例子。

南宋末年著名學者黃震，字東發，震的方位就是東，名和字互相聯繫，正是八卦和方位的對應。根據古籍《禮令》的記載，雷乃發聲；東發則有萬物出乎震的含意。

《茶經》作者、唐代茶聖陸羽，字鴻漸，他的名和字，甚至姓，都是出自《易經》的漸卦：「鴻漸於陸，其羽可用為儀。」

有些人在運用《易經》起名時較為含蓄，不是直接代入八卦其中一個字，而是採用卦象的寓意。這種起名法比較深奧，如果對《易經》卦象奧妙深邃的意理不甚了解，就無法辦到了。

例如乾卦的卦象是：天、君、父、玉、金、冰，此外又有大赤、良馬、老馬、駁馬、木果等等。

唐代有位名叫李是冰的文學家，字少溫，名和字都與乾卦的卦象互相呼應。正如上面所述，冰是乾卦卦象之一，少溫即缺乏

溫暖，意即寒冷，寒冷隱含冰凍的意思。

　　八卦的卦象反映日常生活中常見的事物，利用八卦起名，可說是古代文化智慧的實踐，可惜《易經》艱深難懂，並非普羅大眾所能輕易掌握，難以在起名時得心應手。

　　《易經》（又稱《周易》）產生於三千多年前的殷周至戰國時代，是中國文化中一件歷久彌新的瑰寶。這部歷經歲月考驗，有「群經之首」美譽的作品，教人如何觀察事物跡象，啟動思考，推理判斷。《易經》的卦由爻組成，分陰爻和陽爻，三爻組成的卦叫八卦：乾、坤、震、巽、離、坎、艮、兌。每一卦代表自然界不同事物和不同現象。

　　現代流行的風水、測字、求籤、看相、算命，是《易經》卜筮預測術的餘緒。

# 11.五格數理判斷吉凶

近年流行的起名法之中，有一種名叫「五格數理剖象法」，那是日本明治時代一個名叫健一郎的學者所創。這位別稱熊崎健翁的健一郎，根據中國《易經》的象數理論，將人的名字分為五格：天格、人格、地格、外格、總格，每個格代表的意義各有不同，藉以判斷該姓名隱含的人運吉凶。

據健一郎的理論，天格又稱為姓名格，是一棵植物的根，對人運的影響輕微。人格為苗，代表一生的運勢，人運的吉凶就看這一格。地格是花，代表前半生的吉凶。外格為葉，屬於人的副運，由此判斷該人的人際關係。總格為果，代表一生尤其是晚年的運勢。

健一郎認為，人的姓名最佳狀態是：根深、苗壯、花盛、葉茂、果碩。

上述五格，是以姓名的筆畫數作為計算基礎。天格數等於姓氏筆畫加一，如果是雙字複姓，則雙字相加即可，不再加一。某人姓丁（二畫），便是二加一，天格數為三。若是複姓司徒（五加十共計十五畫），天格便是十五。筆畫數全部以傳統的繁體字為計算標準。

人格數的計算，視乎單姓或複姓而定。以單姓而言，人格數等於姓氏和名字中第一個字的筆畫總和。例如姓丁名平治，丁二畫，平五畫，合共七畫就是丁平治的人格數。複姓稍有不同，以

司徒可仁為例，人格數等於姓氏第二個字（徒十畫）和名字第一個字（可五畫）的總和即十五畫。

地格純粹以名字筆畫計算，單字名加一，雙字名以兩字總和作準。上述的可仁，地格數為九。

至於外格，計算稍微複雜。單姓單名的外格數是姓與名的筆畫相加，例如方希，方四畫，希七畫，外格數為十一畫。如果是單姓雙字名，外格數便是姓與名最後一個字的筆畫總和。以王文天為例，王四畫，天四畫，外格數就是八畫。

雙姓單名的外格數等於姓氏的第一個字加名字的筆畫總和。至於雙姓雙名，外格數等於姓氏第一個字和名字最後一個字的筆畫總和。

五格中最後的總格，即是姓和名筆畫相加的總數。如何憑藉五格判斷吉凶，且看下篇分解。

# 12. 算筆畫須注意兩點

天格、人格、地格、外格、總格這五格的筆畫數，如何顯示該姓名隱含的吉凶？

據熊崎健翁的理論，五格之中，天格（即姓氏）對運勢的影響力最輕微。

人格的吉凶，預示人一生的命運，對人的影響很大，是判斷名字好壞吉凶的一個標準。人格又稱做主運。

地格由名組成，一個人的姓名，除了姓，即為名。地格與人格有密切的關係，主要影響人年輕時的命運。地格又稱做前運，關乎人中年以前的命運。

外格又稱做副運，預示人的社交和智慧等，對人生的影響程度較小，通常反映人的社會關係的融洽程度。

總格是姓氏和名字筆畫數的總和，對人一生運勢，尤其是晚運，均有深遠影響。總格就如植物的果實，一生運勢良好等於結出了豐盛的碩果。

起名時除了結合姓氏五行數理的吉凶配置，還須注意兩點：首先一定要按傳統繁體字即《康熙字典》的筆畫數計算，否則難以作準。其次必須知道一些特殊偏旁字的筆畫計算方法。以下是常見的一些偏旁其中幾個舉例：

如「扌」字旁本為「手」字，算4畫；「犭」字旁本為「犬」字，算4畫；三點旁的字，其三點均按4畫計算，因為「水」字為

128

4畫;「月」字旁本為「肉」字,算6畫;「辶」旁本是「走」字,算7畫;左邊的「阝」旁本是「阜」字,算8畫,因此「陳」字為16畫;右邊的「阝」旁本是「邑」字,算7畫,因此「邵」字為12畫;草頭的「艹」字,算6畫,因此「莉」字為13畫;「忄」旁本是「心」,算4畫,因此「怡」字為9畫。

按這位日本學者的說法,從三才(即天格、地格、人格)的配置,即可洞察該姓名相生相剋的關係,以及對一個人事業成就高低的影響。

根據《五格數理剖象法》創始者、日本人熊崎健翁的理論,凡人格為3、5、6、11、13、15、16、21、23、24、25、31、32、35、37、41等數,且與天、地兩格沒有沖剋者,多得幸福,而且事業順利,婚姻美滿,可謂富貴雙全之命。

設若人格為4、9、10、14、19、20、22、34、44等數則為凶數,預示其人可能遭逢苦難、挫折、逆境、孤獨、疾病乃至非命等災劫。此外,凡人格為7、8、17、18等數者,通常意志堅強,能於逆境中成功,惟個性固執,容易開罪他人;凡人格為27、28等數者,為人欠謙虛,易染病,易遭誹謗,事業上亦難有建樹。

# 13. 熊崎理論無稽荒謬

上文僅是有關人格的分析，對人生整體運勢尤其是對晚運，影響最大者，莫過於總格。

據《五格數理剖象法》創始者、日本人熊崎健翁的理論，人一生的運勢，特別是到了晚年步入晚運時，總格潛在的影響尤其深遠。

總格即姓氏和名字筆畫數的總和，可從以下數字確定吉數或吉中帶凶數：3、5、6、7、8、13、16、17、18、21、23、24、25、27、29、30、31、32、33、35、37、38、39、40、41、42、43、47、48、50、51、52、53、55、57、58、63。

篇幅所限，由64至最終的81請恕不便舉列。（81有靈動數之稱，源自河圖的九宮數，意謂宇宙天地起於一而終於九，終再復一，週而復始，循環無窮。）

《五格數理剖象法》又稱「熊崎氏姓名學」，1936年由台灣留學日本的白玉光（又叫白惠文）帶回台灣翻譯推廣，隨後流行於台灣、香港、星馬等地，近年在大陸方興未艾。

這種按簡單筆畫數量解釋姓名吉凶的起名法，雖在華人社會廣泛流行，但也遭受頗多質疑和非議，指為無稽、荒謬，是實實在在的糟粕，認為三才五格起名法根本不能與源遠流長的中華文化留給我們的精萃起名方式相提並論。

內地有人在網上舉例，聲稱1964年10月15日早上4時出生

的阿里巴巴集團主席馬雲，如果按「熊崎氏姓名學」配合生辰八字計算，只有 63 分；內地超級富豪王健林，也只是 62 分。其他多位富甲一方名人的姓名，得分都很低。

相反，1970 年 2 月 6 日上午 8 時出生、先後殺死 12 人而被判死刑的周克華，卻得分 87；按上述姓名學的計算，另一名姦殺 76 人的死囚楊新海，則有 83 分。更令人詫異的，是故宮盜竊慣犯石柏魁的姓名竟然是 100 分。

由此可見，採用《五格數理剖象法》起名，似乎既與生辰八字無關，更不能給該人帶來好運。無怪乎有識之士均認為，這種從日本引入的姓名學理論僅屬遊戲性質，不足為信。

# 第五章　配合十二個生肖

1. 生肖起名雅俗皆宜
2. 特定規律約定俗成
3. 鼠人起名用字宜忌
4. 牛人起名用字宜忌
5. 虎人起名用字宜忌
6. 兔人起名用字宜忌
7. 龍人起名用字宜忌
8. 蛇人起名用字宜忌
9. 馬人起名用字宜忌
10. 羊人起名用字宜忌
11. 猴人起名用字宜忌
12. 雞人起名用字宜忌
13. 狗人起名用字宜忌
14. 豬人起名用字宜忌

# 第五章
## 配合十二個生肖

子鼠、丑牛、寅虎、卯兔、辰龍、
巳蛇、午馬、未羊、申猴、酉雞、
戌狗、亥豬十二生肖圖。

# 1. 生肖起名雅俗皆宜

配合十二生肖起名的習俗，民間早已大行其道。這是一種簡樸、直接而又雅俗皆宜的起名方式。

在幾千年的中國傳統文化中，生肖不僅是一種形象生動的紀年、紀月、紀日、紀時方法，更與每個人密切結合，賦予一種神奇的特性。根據清代趙翼考證，有關十二屬相之說最早起源於東漢。此後，文人抒寫的生肖詩層出不窮。

最早的生肖詩，據說是南北朝時詩人沈炯寫的《十二屬相詩》：「鼠跡生塵案，牛群暮下來。虎嘯生空谷，兔月向窗開。龍隰遠青翠，蛇柳近徘徊。馬蘭方遠摘，羊覓始春栽。猴栗羞芳果，雞趾引清懷。狗其懷屋外，豬蠢窗悠哉。」詩中每一句的第一個字順序顯示十二生肖名稱，並且道出了每種動物的習性和特點。

十二生肖的這些習性和特點，因此成了起名的最便捷題材。鼠的精靈，牛的勤快，虎的敏捷，兔的溫順，龍的威風，蛇的圓滑，馬的奔馳，羊的善良，猴的靈活，雞的美德，狗的忠誠，豬的憨厚，都是取之不盡，用之不竭的起名靈感。

十二生肖是由鼠、牛、虎、兔、蛇、馬、羊、猴、雞、狗、豬這十一種動物，再加上古人虛擬的龍組成。每年輪流由一個生肖值年，在該年出生的人因而都以該年生肖作為自己的屬相。

屬相就是指一個人在出生那一年的地支所屬，其中甲子年生

人屬鼠，乙丑年屬牛，丙寅年屬虎，丁卯年屬兔，戊辰年屬龍，己巳年屬蛇，庚午年屬馬，辛未年屬羊，壬申年屬猴，癸酉年屬雞，甲戌年屬狗，乙亥年屬豬。

十二生肖中，鼠和馬、牛和羊、虎和猴、兔和雞、龍和狗、蛇和豬都是相沖的關係；鼠和羊、牛和馬、虎和蛇、兔和龍、猴和豬、雞和狗都是相害的關係。

此外，鼠和牛又合為土，虎和豬合為木，兔和狗合為火，龍和雞合為金，蛇和猴合為水，馬和羊合為太陰、太陽，通稱「六合」。

「沖」、「害」為凶，「合」為吉。因此在起名時，為求小寶寶吉祥平安，就要盡量做到姓名與屬相相合，選用適宜所屬生肖的字，避免誤用與生肖相沖或相害的字。

# 2. 特定規律約定俗成

在起名用字時，為避免沖剋，命理學家還總結出一套規律：鼠年、牛年出生的人應避免使用午、馬、未、羊等相關的字；蛇年、猴年出生的人忌用與亥、豬、寅、虎相關的字；馬年、羊年出生的人不宜採用子、鼠、丑、牛等相關的字；虎年、豬年出生的人忌用申、猴、巳、蛇等相關的字；兔年、狗年出生的人須避免使用與酉、雞、辰、龍等相關字；龍年、雞年出生的人不宜使用戌、狗、卯、兔等相關的字。

有人直接將地支與生肖作為名字，如陳申猴、張未羊、何午馬等，雖有紀念出生年份的意向，但這種起名方法過於直接，全無新意，並不可取。

配合十二生肖起名最常見的方法，是依據這些生肖屬相內在精神，在名字的字形（即部首偏旁或字根）上構思，避凶趨吉。

在一個人的姓氏和屬相已知的情況下，特定的姓氏適合起取什麼樣的名字，或屬於某一屬相的人應該選用什麼樣的名字呢？這方面也有一套約定俗成的規律。

以姓氏和屬相而言，李、孟、季、孫、孔、郭、游等姓之中都含有「子」字，按十二地支的排列，子為鼠。取名時就應該選擇適合鼠類日常賴以生活的米、豆、禾、魚、肉（肉作偏旁時為「月」），以及含有人、山、田、木等偏旁的字。

其他姓氏和屬相起名可依此類推。總括而言，基本原則就是

把人的姓名與生肖屬相聯繫起來，以人等同其出生年的屬相。

　　鼠、牛、兔、馬、羊、猴、雞、狗、豬都以糧食為食物，古時的人認為，這些屬相的人起名時應選取帶有「米」、「豆」等字為名字，這樣才能保證生活安定，溫飽無虞。

　　同樣，以羊、馬、牛、兔為屬相的人，因為屬相是食草類動物，所以取名也應以帶「草」字頭的字為佳。

　　此外，十二生肖中有些動物其實都可以直接入名，牛、虎、龍、馬均為較常見的男名用字。

　　不同生肖各有不相同的宜忌，起名時必須知道這一點。以下十二篇且逐一簡單論述十二生肖的起名須知。

# 3. 鼠人起名用字宜忌

　　常用的幾十種起名方法中，有些人偏好以生肖屬相替子女構思名字。現按十二生肖的排序，先說地支屬子的鼠，又稱子鼠。

　　十二生肖之中，鼠的長相和生態，最難令人討好。俗話有所謂「老鼠過街，人人喊打」的說法，既然如此，肖鼠的人當然不想直接使用「鼠」字入名了。

　　命理學上有申子辰「三合」的理論。申子辰是指猴、鼠、龍的三組合，意即申猴和辰龍對子鼠都有天賦的助緣，對肖鼠者的運勢尤其是財運和貴人運都有頗強的促進力量。因此起名可以考慮與申猴和辰龍有關的字詞，或帶有申或辰字根的字：申、伸、坤、珅、伸、暢、袁、龍、辰、宸、震、振、農、襲、晨……

　　命理學上又有亥子丑「三會」的說法，亥豬、子鼠和丑牛形成三會，彼此扶持生旺。因此，選用與亥豬和丑牛的部首和字詞對肖鼠人都非常有利。這一類字詞包括：亥、象、家、毅、聚、豪、緣、丑、牛、牽、生、妞、紐、隆、產、牟、牡、犖、特、牧……

　　命理學上又有子午沖的說法，子鼠和午馬剛好形成十二生肖之中的六沖（對沖），互相剋害的力量頗強，肖鼠的人起名時須盡量避免使用與午馬有關的字詞：午、南（午的方位）、離（午的卦位）、馬、許、馮、駐、瑪、駱、馳、騰、驛、駒、馴、駿、騁、騫……

　　子鼠又與未羊相害，傳統有「羊鼠相逢一旦休」的說法，認為羊鼠相合無好結果，因此肖鼠的人起名時還要避免未、羊，或者帶有羊字根的祥、群、儀、善、達、美、翔、妹、羨……

　　子五行屬水，更要避免採用火或與火有關的字為名。

　　以上所說的部份起名用字宜忌，純粹基於地支生肖的相互關係以及屬相的生態，尚未因應每個人獨特的生辰八字。

　　中外歷史上屬鼠的名人不勝枚舉，這裡隨便舉列幾位：明成祖朱棣、抗倭名將戚繼光、詩聖杜甫、美國開國總統華盛頓、英國劇作家莎士比亞、奧地利古典音樂家莫扎特。這些鼠年出生的人，都在歷史上創造了輝煌的成就，名垂後世。

# 4. 牛人起名用字宜忌

十二生肖中的牛，向以辛勤耐勞著稱，默默付出，只問耕耘而不問收獲。牛是天生的素食動物，以草本植物為生，因此肖牛的人起名時通常採用草字頭的字詞。在詞典內，草字頭的字詞真是多如過江之鯽。

據命理學家的理論，十二地支中以三字相合，配以五行中的金、木、水、火四字，取生、旺、墓三者以合局，稱為三合局。即申子辰合為水局，亥卯未合為木局，寅午戌合為火局，巳酉丑合為金局。

牛的地支是丑，因而屬於巳酉丑的金局。

以此推算，巳蛇和酉雞，或者與金有關的字詞對於牛年出生的人起名，都具有頗強的助緣。金、酉、兌、白、鍵、剣、鑫、銘、欽、鋒、銳、錦、鍾、銓、鈞、鏘，羽、鳳、凰、鳥、鳴、鵬、鴻、鶴……以及巳、巴、巷、巽、港……等等都是屬於這一類。

此外，牛人起名時也可參考命理學家所說的「三會」：十二地支中相鄰三字相會，配以方位五行，氣偏一方，就是三會：寅卯辰會為東方木，巳午未會為南方火，申酉戌會為西方金，亥子丑會為北方水。

丑牛既與亥豬和子鼠「會局」，彼此相輔相成，起名時選用亥豬和子鼠的有關字詞，均可獲得助緣，強化運勢：亥、象、家、

毅、聚、豪、豫、子、享、學、承、孚、孟、李、孔、存、孝、
季、孫、孺……

　　十二生肖中，丑牛和未羊相沖，丑牛又與午馬相害，起名時
為了避免相沖相害，屬牛的人須避免選用羊、馬以及與此相關的
部首和字詞：未、羊、祥、群、儀、姝、羨、恙、美、義、善、
達、午、馬、駿、駱、瑪、許、騰……

　　生肖中除了虎、龍、馬之外，牛也可以直接入名，成為較常
見的男名用字，例如：奇牛、壯牛、堅牛、金牛、子牛、孺牛、
鐵牛、黃牛、勁牛、勝牛……

　　以上所說的部份起名用字宜忌，純粹基於地支生肖的相互關
係以及屬相的生態，尚未因應每個人獨特的生辰八字。

　　唐朝詩仙李白、北宋文學家蘇軾、東晉詩人陶潛、南宋光宗
的李皇后，以至現代天王巨星劉德華、張學友、周秀娜等人，都
是牛族中人。他們的名字或許另有來頭，不一定依據生肖屬相起
取，但成就卓然有成，早已有目共睹。

# 5. 虎人起名用字宜忌

在十二生肖中排名第三的虎,地支屬寅,命理學上稱之為寅虎,虎有「百獸之王」的美號。這種肉食動物有敏銳的聽力和夜視力,可自由伸縮尖爪和粗壯的犬齒,是世界上最廣為人知的野生動物。

虎年出生的人,起名時可參照老虎居於森林的習性和喜歡肉食的特點,在名字中採用山、木、林的字根以及肉(月)部首的字詞。這方面的選擇頗多:峻、峰、崇、嵐、嶺、岳、巒、杜、松、柏、柳、棟、森……此外,青、月、朋、朗、朝、朔、膨、勝、育、望、期、朦……都是可以考慮的用字。

按傳統命理學的「三合局」,寅(虎)午(馬)戌(狗)有相輔相成的助緣。因此,凡與午馬和戌狗有關的字根、部首和字詞,都可成為虎人起名的考慮。這些字詞包括:午、南(午的方位)、離(午的卦位)、馬、許、馮、駐、瑪、駱、馳、騰、驛、駒、馴、駿、騁、騫,以及戌、獻、狄、狀、獻、狀、狐、獅、獵、獨、伏、猛……

命理學上的「三會」即寅(虎)卯(兔)辰(龍)合木局,也可以成為虎人起名用字的一個考慮。例如與兔有關的字詞,例如卯五行屬木,方位屬東,故可考慮:卯、東、木、束等字的字根和柳、卿、逸等等字詞,以及龍、辰、振、晨、龍、農、震、宸、襲等字詞。

# 《名字改變命運》

　　常見不少人直接以「虎」字配字入名：雄虎，寅虎、文虎、成虎、虎生、山虎、嘯虎、虎威。

　　一位張姓虎人假定起名「張寅虎」，是否恰當呢？將生肖直接反映在名字上，固然有紀念出生年份的意義，只是過於直接，欠缺深意，未能反映生肖屬相的內含。

　　至於不宜採用的字，依據命理學上相沖相害的理論，寅虎與申猴相沖，與巳蛇相害，因此，凡是與猴和蛇有關的字詞都必須避免。這些字包括申、伸、坤、珅、伸、暢、袁、遠、園，以及虹、蛟、蜀、蜂、蜚、蜜、融、螢，這一類以蟲為部首的字。

　　以上所說的部份起名用字宜忌，純粹基於地支生肖的相互關係以及屬相的生態，尚未因應每個人獨特的生辰八字。

　　生於公元前259年（壬寅）的秦始皇就是歷史上顯赫的虎人，東漢天文學家張衡、三國時著名文學家阮籍、醫聖李時珍、國父孫中山、英國伊麗莎白女皇都是虎年出生的中外名人。

# 6. 兔人起名用字宜忌

地支卯，生肖屬相兔，卯兔生性既溫順又怯懦，既機靈活躍又狡詐多端，「動如脫兔」、「狡兔三窟」應該並非虛言。

現實生活中，兔年出生的人，每多品性相近。起名時大可循此方向構思具正面意義的名字。

兔屬於素食類動物，以草和五穀為主糧，茵、莉、莎、茹、禾、黍、秀、稷、稻、麥、苗、蘇、菊、菁等草木頭的字都可以考慮入名。

地支卯五行屬木，方位屬東，因此字根帶有木或東的字詞，也適合兔人入名：東、木、材、森、林、本、杏、朵、果、松、梅、桐、霖、植、樹、樸……

按照命理學家三合局理論，亥豬、卯兔、未羊合為木局，豬和羊都對兔有利。因此，部首屬豕的象、豪、豫、豢、家、穀、聚、豹、貌、緣，或者部首屬羊的美、羌、羚、群、羨、義、羲等字，都適合兔人用作名字。

命理學上寅卯辰三會中的寅（虎）和辰（龍），對兔人也有強而有力的助緣，可惜地支卯辰相害，容易損傷六親，導致彼此關係不睦，因此卯人起名可考慮字根帶有寅、虎的字（寅、虎、彪、號、虢、虔……），但龍、農、宸、辰、振、晨、冀等等出現辰或龍的字詞就不宜了。

至於什麼字對兔人不利呢，傳統上最大的考慮是視乎哪一生

肖與卯兔相沖。按命理學家的說法，卯兔與酉雞相沖，是六沖之一。所謂六沖，意指方位相對，五行相剋，陰陽不配。

卯的方位是東，與屬西的酉顯然對沖；卯五行屬木，酉五行屬金，木受金所剋，因此兔人起名時必須避免酉、西、兌、白、金、鍵、剣、鑫、銘、欽、鋒、銳、錦、鍾、銓、鈞、鏘……以及羽，鵬、鳳、鳴、駕、鴛、鶯、鶴、鴻等等帶有字根「金」、「鳥」的字詞。

以上所說的部份起名用字宜忌，純粹基於地支生肖的相互關係以及屬相的生態，尚未因應每個人獨特的生辰八字。

歷史上名垂千古的兔人極多，以下僅是其中幾位：魏文帝曹丕、乾隆皇帝、三國時代的周瑜、晉代陶侃、文學家楊修、音樂家嵇康、詩人孟郊、書法畫家米芾、學者胡適……

# 7. 龍人起名用字宜忌

　　龍在中國傳統文化中享有獨特的崇高地位，有關龍的各種傳說，早已臻於神化的超然境界。歷代的人特別喜歡在龍年生育子女，因而每到龍年，出生率都出現突破，超逾每年的平均數。

　　龍年出生的孩子長大後是否都成龍成鳳，暫且不表，但歷代的確湧現了大量成就顯赫的名龍，其中不少是帝王將帥：明太祖朱元璋、清朝開國皇帝清太宗、晉武帝司馬炎、宋真宗趙恆、清仁宗嘉慶、現代的鄧小平、俄羅斯強人普京、埃及前總統穆巴拉克、羅馬帝國的凱撒大帝⋯⋯美國立國以來的二百多年間，就有三位總統屬龍，因解放黑奴而名垂青史的第十六任總統林肯是其中之一。

　　龍的地支是辰，命理學家的申子辰三合、寅卯辰三會理論，可作為龍年出生的人起名時的參考。申子辰是指猴、鼠、龍的組合，三者相輔相成，猴和鼠對龍日常運勢具有頗強的助緣。

　　因此，與申猴、子鼠有關的字詞都可作為龍人起名的參考，包括：申、伸、坤、珅、暢、袁，或者帶有子字根的字詞：子、享、學、承、孚、孟、李、孔、存、孝、季、孫、孺⋯⋯

　　三會是指寅（虎）卯（兔）辰（龍）會為東方木；寅、或帶有寅、虎字根的字詞，都可成為龍人的名字，如：寅、演、虎、彪⋯⋯至於卯兔，雖是辰龍的三會之一，與兔有關的字詞，例如卯五行屬木，方位屬東，因此卯、東、木、束等字的字根和柳、

卿、逸等等字詞，龍人都不宜採用，因為在命理學上，卯兔與辰龍的地支相害，造成三會的破局，損傷六親。

傳說中的龍，從雲而騰於空，雲、雨、水特別合適，因此雨字頭和水字旁的字詞對於龍人最適宜。這兩種部首的字，在詞典中舉目皆見，起名時很容易物色到屬意的「心頭好」：震、霖、雯、露、霞、霧、霏、靈、靄，或者泉、汀、津、江、河、霆、潭、深、溯、涵、源、洋、浩、濤、澤、治、浪、溱、淑、決、清、涓……

十二生肖中的龍正如牛、虎、馬一樣，其實龍這個字可以直接入名，成為較常見的男性名字：金龍、文龍、生龍、雲龍、辰龍、成龍、騰龍、龍飛、龍升、龍吟……

以上所說的部份起名用字宜忌，純粹基於地支生肖的相互關係以及屬相的生態，尚未因應每個人獨特的生辰八字。

# 8. 蛇人起名用字宜忌

在十二地支中排列第六位的巳，生肖屬蛇。有命理學家說，這種無足無鱗的爬行類動物，反射在生肖的屬相上，性格通常是外冷內熱，圓滑老練、外人不易揣測其內心世界。

從歷代蛇年出生的名人身上，可以發現上述的專家推論似乎並非信口開河。二千多年前的詩人屈原、政治家韓非、漢高祖劉邦、名將項羽、科學家祖沖之、南宋詩人陸游等等名傳千古的大人物，莫不如是。

偏好以生肖屬相替子女構思名字的人，幾乎都會參考命理學上的三合、三會、六沖、相害，尋求指引。巳（蛇）、酉（雞）、丑（牛）三合為金局，相對於巳蛇而言，酉（雞）和丑（牛）的助緣頗大，與此相關的字詞因而成為優先考慮的因素。

以下所說的部份起名用字宜忌，純粹基於地支生肖的相互關係以及屬相的生態，尚未因應每個人獨特的生辰八字。

酉生肖屬雞，五行屬金，方位是西方（兌卦），相關的字詞包括羽、鵬、鳳、鳴、鴛、鵞、鶯、鶴、鴻等等帶有羽毛或字根「鳥」的字，又或者酉、金、西、白、兌、或字根帶「金」者：鍵、剣、鑫、銘、欽、鋒、銳、錦、鍾、銓、鈞、鏻……及帶有牛或丑字根的字：生、牟、產、牡、牽、犖、牧、特、隆、紐、妞……

三合之外的三會「巳午未」（蛇馬羊）的相關字詞，也是蛇

《名字改變命運》

人可以考慮的因素：午、南（午的方位）、離（午的卦位）、馬、
許、馮、駐、瑪、駱、馳、騰、驛、駒、馴、駿、騁、騫、未、
羊、群、翔、祥、姝、義、美、羌、羚、羨、羲……

　　根據命理學理論，蛇與豬相沖，與虎相害，因此有關豬部首
或與寅虎相關的字詞，蛇人都該避免採用。

　　相沖意即六沖，是直接的沖剋，不僅方位相對、五行相剋，
而且陰陽不配。與豬相同部首的字很多，以下僅是其中一部份：
亥、象、家、毅、聚、豪、豫……此外，豬的地支亥，亥的方位
北，亥的五行水，屬於坎卦，以上這些字都忌用。

　　至於巳蛇與寅虎相害，是命理學上的六害之一，屬於不吉之
象。因此，以下的字忌用：午、馬、南、寅、虎、彪、虢、號、
馮、駿、騰、騫、駐、瑪……

149

# 9. 馬人起名用字宜忌

依據十二地支次序配置的十二生肖（或稱十二年獸、十二屬相），午馬排名第七，剛好是後六地支的開首。一向用於紀年的十二地支，也用於紀時，午時即現代所說的中午時分（上午十一時至下午一時）。有人提出一個有趣的問題，午年出生的馬人，如果出生時間恰好是午時，未來一生運勢究竟是吉多還是凶多？

從歷代命理學家的著作上，可以看到非常明確的答案：午火比肩，預兆家庭和睦，骨肉相親，命局豐隆，福壽康寧，常有貴人扶持，一生無大災大難，只是性情暴躁，固執偏激。

上述的判語僅是表象，實際的運程還須視乎後天起取的名字是否具有旺運效應而定。

最宜馬年生人用作起名參考的是與寅虎、戌狗、巳蛇和未羊有關的字詞。

在命理學上，寅虎午馬戌狗是三合局，彼此分享天賦的助緣，足以強化運勢，增進財運和貴人運。

與寅虎和戌狗相關的字詞很多，以下只是其中小部份：寅、虎、彪、號、號、戌、狀、伏、狄、狐、猗、猛、猷、獻、狐、獅、獵、獨……

至於上述的巳蛇和未羊，與午馬組成的則是地支三會，三者合成一方之氣，助力比三合局更加強大。

巳蛇和未羊相關的字根、部首等字詞，可供馬人起名參考：

巳、巴、巷、巽、港、未、羊、祥、群、妹、羨、羔、美、義、儀、善、達、樸、朵、杜、杭、杞、材、松……

十二生肖屬相中，馬一如牛、虎、龍，男性其實可以直接入名，以下僅是舉例：奔馬、飛馬、馬力、馬馳、馬行、馬利、騁馬等等。

子（鼠）和午（馬）相沖，丑（牛）與午（馬）相害，因此子鼠和丑牛相關的一系列字詞都不宜入名，必須避免：子、享、學、承、孚、孟、李、孔、存、孝、季、孫、孺、丑、牛、生、牟、牽、牧、特、隆、紐、妞……

以上所說的部份起名用字宜忌，純粹基於地支生肖的相互關係以及屬相的生態，尚未因應每個人獨特的生辰八字。

馬年出生的人之中，有不少是帝王：秦二世胡亥、漢安帝、宋武帝、宗少帝、唐德宗、唐僖宗、成吉思汗、元太宗、康熙皇帝、雍正皇帝，莫非他們都是在馬年的午時出生！

# 10. 羊人起名用字宜忌

羊的品性溫順善良、舉止優雅怯懦，對應地支未在十二地支中排入第八位置。未代表的時辰是下午一時至三時。羊和陽發音相同，歷來有三羊啟泰的說法，語出《易經》，代表吉亨之象。羊一向被視為吉祥的象徵，因而有「馬馳率風，羊致清和」的稱頌。每年過新年的時候，常見坊間張貼一幅畫題「三羊啟泰」的年畫，陽光之下三隻羊悠閒自適。

羊的主食是草和五穀類雜糧，偏好以生肖屬相替子女起名的人，通常採用草字頭或帶有禾、豆字根的字詞入名。翻開詞典，草字頭的字很多，適合用作名字者舉目可見：英、花、華、若、芙、蕙、蘭、莉、蕾、萊、菁、菊、芷、蓉、茵、夢、藍、蓮、蒙……

歷代在羊年出生的名人，包括唐太宗李世民、漢宣帝、宋文帝、曹操、岳飛、袁世凱等等；其中有不少名人採用草字頭的字為名：南朝簡文帝蕭綱、晚清名臣曾國藩、《紅樓夢》作者曹雪芹……

傳統命理學有亥卯未三合的理論，亥卯未即豬兔羊，上述三地支代表的三個生肖，形成相輔相成的助緣，強化運勢。以生肖屬相為起名基礎的人，順理成章便從亥豬和卯兔相關的字詞中考慮。

以下所說的部份起名用字宜忌，純粹基於地支生肖的相互關

係以及屬相的生態，尚未因應每個人獨特的生辰八字。

亥豬和卯兔以及帶有相關字根或部首的字詞包括：亥、象、家、豪、毅、緣、聚、豫、豢、豹、貌、緣，或者帶有卯、兔、東、木、束等字根和柳、卿、逸等等字詞。

命理學上又有巳午未三會的說法，巳蛇、午馬和未羊形成三會，三會是陰陽相吸之會，互相扶持生旺；會者多助，貴人常遇。因此，採用帶有巳蛇和午馬的部首、字根等的字詞為名，對肖羊的人都非常有利：巳、巷、巴、港、巽，以及午、南（午的方位）、離（午的卦位）、馬、許、馮、駐、瑪、駱、馳、騰、驛、駒、馴、駿、騁、騫……

羊人名字忌用哪些字呢？依據命理學相沖相害的理論，羊與鼠相害，與牛相沖。相沖意味方位相對，五行相剋，陰陽不配，有關的字詞當然不適宜入名了。

子、享、學、承、孚、孟、李、孔、存、孝、季、孫、孺等帶有子的字根，都與羊相害；牛、丑、生、牟、牽、牧、特、隆、紐、妞等帶有牛的字根，與羊相沖，因此都不宜選用。

# 11. 猴人起名用字宜忌

世界各地現存的猴估計大約有二百六十多種，種類雖多，但特徵大同小異。頭腦精明、身手敏捷、聰敏機智，可說是共同的特點。

猴在中國傳統十二生肖中排列第九，對應地支是申，下午三時至五時古稱申時。小說《西遊記》中的孫悟空，家喻戶曉，民間稱之為猴王，可說是猴族的代表。

甲申猴年出生的武則天，秉承猴類的優質，成了中國歷史上空前絕後的第一個美貌與智慧並重的女皇帝，屬猴的帝王還有春秋五霸之一的晉文公、晉元帝、北魏太武帝、東晉丞相王導，而屬猴的文人才子就更多了：書法家蔡邕、詩人曹植、晉代學者郭象、郭璞、文學家江淹、明代音樂家朱伯勤、清代文學家方苞、清末名僧蘇曼殊……

以下所說有關猴人的部份起名用字宜忌，純粹基於地支生肖的相互關係以及屬相的生態，尚未因應每個人獨特的生辰八字。

猴棲息於山林，以野果為生，肖猴的人起名宜採用帶木字根或山字根的字：峻、峰、崇、嵐、嶺、岳、巒、杜、松、柏、柳、棟、森、桃、杏、柔、桂、桑、梅、林、棣、榕、樂……。

此外，猴喜居於洞穴，字根或部首帶有口字或頭戴帽子的字詞，猴人也可以考慮入名：同、君、品、哲、善、蓉、嘉、宇、宙、安、容、寧、宜、寶、寰……

# 《名字改變命運》

　　再說命理學上的三合（申子辰）和三會（申酉戌），按命理學家的理論，子鼠、辰龍、酉雞和戌狗，對於猴年生人均屬大吉大利。凡與上述地支、生肖相關的字詞，都可作為猴人起名的參考：子、享、學、承、孚、孟、李、孔、存、孝、季、孫、孺、孝、存、孺、水、冰、澤、湄、江、沂、沛、洋、浩、清、津，以及龍、辰、農、震、宸、振、晨、龔等等。

　　酉生肖屬雞，五行屬金，方位是西方（兌卦），相關的字詞包括羽、鵬、鳳、鳴、鴛、鶯、鶯、鶴、鴻等等帶有羽毛或字根「鳥」的字，或者西、金、西、兌、白或字根帶「金」者：鍵、釗、鑫、銘、欽、鋒、銳、錦、鍾、銓、鈞、鏻、鍵、釗、鑫、銘、欽、鋒、銳、錦、鍾、銓、鈞、鏻；此外，戌、猷、狄、狀、獻、狀、猛……都可作考慮。

　　命理學還有相害相沖的說法，申猴與亥豬相害，刑剋極重，猴又與寅虎相沖，相沖即方位相對，五行相剋，陰陽不配，起名時須注意，以下的字忌用：寅、虎、彪、號、虓、虞、亥、象、豪、家、毅、聚、豫、豹、貌、緣……

155

# 12. 雞人起名用字宜忌

在十二生肖中排列第十位置的雞，根據古代神話傳說，是遠方友邦進貢用以辟邪的重明鳥的變形，目前是家禽中數量最多的一種，總數接近三百億隻。古人稱雞為五德之禽，天賦文德、武德、勇德、仁德、信德，因此對雞極具好感。

對雞另眼相看的還有法國人，他們一向視雞為誠實和希望的象徵，在錢幣和國王的版畫上可以看到雄赳赳的公雞昂首高立。

香港特首林鄭月娥、日皇明仁、緬甸政治家昂山素姬，都是近年經常見報的雞年生人。中外歷史上有不少名留千古的傑出人物，也是雞年出生的人。

雞的對應地支是酉，五行屬金，方位向西，時間是下午五時至七時。

替酉雞小寶寶起名，其中一個重要原則是「宜三合三會，忌相沖相害」。三合則得心應手，互助互患，圓融情合。三會是陰陽相吸之會，會者多助，貴人常遇。

相沖意即方位相對，五行相剋，陰陽不配，容易失和，逢之大凶，尤其是對六親不利。

相害稱為不吉之辰，損財傷身，事業受損，易生失敗之象。

按命理學家的理論，巳酉丑（蛇雞牛）為三合，申酉戌（猴雞狗）為三會。酉卯（雞兔）相沖，戌酉（狗雞）相害。戌狗雞是雞的三會之一，但地支戌酉（狗雞）相害，造成三會破局，因

此與戌狗有關的字詞，肖雞的人都不宜採用。

依照上述的宜忌原則，以下是雞人可以考慮的部份起名字詞：宜、巳、巷、巴、港、巽，申、坤、珅、暢、袁……以及帶有牛或丑字根的字：丑、牛、牽、生、妞、紐、隆、產、牟、牡、犖、特、牧……

忌：戌、獣、狄、狀、獻、狀、猛等等，或者帶有卯、兔、東、木、束等字根和柳、卿、逸等等字詞。

以上所說的部份起名用字宜忌，純粹基於地支生肖的相互關係以及屬相的生態，尚未因應每個人獨特的生辰八字。

# 13. 狗人起名用字宜忌

　　按命理學家的理論，十二生肖中排行十一的狗，是最受人寵愛的家畜，戌狗在三合局中與寅虎和午馬形成寅午戌組合：合即得心應手、互助互惠、相輔相成、圓融情合。

　　因此屬狗的人宜選用與寅、虎或帶有寅、虎字根的字詞，都可成為狗人的名字：寅、虎、彪、號、虓……或選用與午馬有關的字詞入名：午、南（午的方位）、離（午的卦位）、馬、許、馮、駐、瑪、駱、馳、騰、驛、駒、馴、駿、騁、騫……

　　戌狗又與申猴和酉雞構成三會。三會意即陰陽相吸、會者多助、貴人常遇。生肖屬狗的人採用以下與申猴相關的字詞入名，對於未來運勢顯然大有裨益：申、伸、坤、珅、暢、袁……

　　戌狗雖與酉雞、申猴組成三會，但由於戌狗與酉雞相害，因此有關酉雞的字詞（例如：羽，鵬、鳳、鳴、駕、鶩、鶯、鶴、鴻等等帶有羽毛或字根「鳥」的字，或者酉、金、西、兌或字根帶「金」者：鍵、剑、鑫、銘、欽、鋒、銳、錦、鍾、銓、鈞、鏘……），狗人都不宜選用，因為相害足以造成三會的破局，損傷六親。

　　相害之外，命理上又有相沖的理論。戌狗與辰龍相沖，那是方位、五行、陰陽的直沖，以下與龍有關的字詞，狗人都應盡量避免入名：辰、龍、震、宸、晨、振、農、龔……

　　以上所說的部份起名用字宜忌，純粹基於地支生肖的相互關

係以及屬相的生態，尚未因應每個人獨特的生辰八字。

　　報載一名年約十一歲的加拿大男童傅曼，有一天在後院玩耍時，突有一頭凶猛的美洲獅闖入。猛獅野性大發，襲擊男童，當時伴隨少主一同玩耍的寵物犬「天使」，當機立斷，即時撲向野獅，展開激鬥。兩獸搏鬥之際，男童得以脫身，聯同家人報警。騎警聞訊趕至，將咬著寵物犬的猛獅擊斃，救出奄奄一息的「天使」。

　　歷來義犬救主的實例可謂不勝枚舉。古人常謂，生肖屬犬的人頗多秉承狗類仗義護主的品性，具有熱血滿腔的助人義氣。

　　事實上，歷代很多狗年出生的知名人物都有義犬勤奮剛直、具膽識、善奮鬥的優良基因：三國孫權、太平天國洪秀全、第二次世界大戰英雄邱吉爾首相、聰明機智的美國前總統克林頓……

# 14. 豬人起名用字宜忌

長久以來，豬給人的印象是懶惰、笨拙、粗魯、骯髒、反應遲鈍。豬所對應的十二地支，是排在末尾的亥。事實上，眾多在亥年出生的豬人，並非豬給人的那種不良印象。

古今中外不少生肖屬豬的人，卻是雄才偉略或智勇雙全的武將，或者是才智超卓、絕頂聰穎的文人或科學家。

南征北戰建立大宋江山的宋太祖趙匡胤、元朝開國皇帝忽必烈、率領船隊下西洋的鄭和、元末明初才子劉伯溫，以及現代的政治人物蔣介石、有中國「科學界泰斗」稱號的錢學森、美國著名作家海明威，都是生肖屬豬的中外名人。

替豬年出生的人起名，有很多方法，但其中一個重要原則必須奉行，那就是「宜三合三會，忌相沖相害」。合則得心應手，相輔相成，圓融情合。三會是陰陽相吸之會，會者多助，易得貴人扶助。

相沖是方位相對，五行相剋，陰陽不配，容易失和遇凶，對家族中的六親尤其不利。

命理學家稱相害為不吉之辰，不但損財傷身，事業受損，而且容易產生失敗之象。

在命理學上，三合就是亥卯未（豬兔羊）的組合，三會則是由亥子丑（豬鼠牛）組成。因此，以下與兔、羊、鼠、牛有關的字詞，都適宜豬年出生的人起名時考慮採用：帶有卯、兔、東、

木、束……或者逸、柳、卿等字，又或者未、羊、群、翔、祥、姝、羨、恙、美、義、儀、善、達……及帶有子、牛、丑字根的字：子、享、學、承、孚、孟、李、孔、存、孝、季、孫、孺、生、牟、產、牡、牽、特、牽、牧、隆、紐、妞……

根據命理學上的宜忌原則，由於亥豬與申猴相害，又與巳蛇相沖，因此，以下的字都屬於起名忌用之列：申、伸、坤、珅、暢、袁、巳、巷、巴、港、巽……

以上所說的部份起名用字宜忌，純粹基於地支生肖的相互關係以及屬相的生態，尚未因應每個人獨特的生辰八字。

# 第六章　漠視禁忌誤終身

1. 國諱家諱荒誕離奇
2. 貶義怪僻粗野庸俗
3. 用字冷僻耽誤姻緣
4. 字怪難讀最大敗筆
5. 處處波海人人勇軍
6. 雌雄莫辨男女不分
7. 男名陰柔女名陽剛
8. 超雄小姐慕茵先生
9. 一字多音添煩添亂
10. 英俚屄股陰戶乳頭
11. 英文廁所陰莖起名
12. 雨字壓頭與天斬煞
13. 饕餮為名六避之一
14. 忌流行字造成混淆
15. 採用單一字易重名

# 第六章
## 漠視禁忌誤終身

名字如終身包裝，光身的初生嬰兒都在等待長輩
給他們披上優質包裝。嬰兒未來成龍或成虫，就
在長輩這一念之間。

# 1. 國諱家諱荒誕離奇

遠古時候的初民本來沒有自己的名字，彼此來往全憑面孔識別，當然很不方便。後來怎麼想到起名字？據東漢文字學家許慎考證，名字最初是因夜晚相遇、辨識的需要而產生的。

《說文解字》說：「名，自命也，從口從夕。夕者冥也，冥不相見，故以口自名。」「名」之所以由夕和口組合而成，原來是因為夜間漆黑，大家都看不見對方的容貌，因而須用口自報，於是產生了名字。

初民當然沒有想到，名字已由當初的簡單音節發展至現在多姿多彩的複雜狀況，名、字、號、別名、別字、別號之外，又有綽號、學名、藝名、謚號等等。

現代社會結構日趨複雜，人的名字脫離了初民時代的單音叫喚，更加不足為奇。名字的起取隨著時代演進而出現各種類型的禁忌。在這一章，將以禁忌為主題，逐一述說名字牽涉的禁忌。

早在周秦時代，為皇帝避諱已經成為流行的律例，秦始皇名政，政與正同音，正月於是改為端月。秦始皇的父親名叫子楚，自此以後所有名叫楚的地名都改稱荊。後世將這種禁忌稱為國諱。

國諱之外，又有所謂家諱或稱私諱，為宗族的先人和父母長輩避諱。

古代有個名叫袁德師的人，因父親名高而永遠不吃糕點。又有一人因父親名石，便不踩踏石子路，不使用石器用具。還有一

## 《名字改變命運》

人因父親名岳，竟然終生不聽絲竹弦樂，不遊覽五嶽，甚至不參與任何與作樂有關的活動。他認為樂字除了讀作音樂的樂，也可讀作歡樂作樂的樂。避諱竟然避至如此荒唐的極端地步，確是匪夷所思。

　　如果朝上的主政者下旨，諭令天下要避諱某一些字，民間就得使用意義相同或相近的字替代必須避諱的字，結果就出現了更改人名、地名和器物名稱的怪誕現象。

　　這種傳統風俗長期以來曾經給百姓帶來諸多困擾和不便。

　　時至現代，普羅大眾已經完全沒有這些擾民的顧忌，可以隨心所欲替子女起取合乎己意的名字了。名字等如人終身的包裝，是優是劣懸於一念。光身的初生嬰兒都在等待長輩給他們披上優質衣裳。嬰兒未來成龍或成蟲，就在長輩這一念之間。

# 2. 貶義怪僻粗野庸俗

時至現代，再沒有為皇上避諱這回事了，但起名時仍需要小心行事，避免觸及常識之內的一些禁忌，拖累終身。

每天閱報，常見報上出現的一些名字，字義醜陋惡劣者固然大不乏人，貶義狂妄甚至狂妄粗野者更是大有人在。另有一些名字可謂庸俗膚淺、不雅兼而有之。這一類名字，無疑招人反感，留下不良印象，影響了對整個人的評價。

起名確實是一件完全不簡單的大事，起名者的文化學養和創造性是首要的關鍵，其次是對文字運用的技巧。一位學富五車的學者和一個基層老粗所起的名字，顯然大不相同。

為人父母者，如果自覺在這方面有所不足，就該請一位具文化素質的學者高人效勞，替你孩子起名，以免孩子因名字不雅粗鄙而影響終生的運程。

起名的技巧至少有三、四十種，限於篇幅，這裡不便一一細述，但一些重要的禁忌，必須緊記，例如名字切勿採用以下含意的字：醜陋、俗氣、淺薄、怪僻、繁難、疾病、傷殘、粗野、貶抑、拗口；歷史偉人、名人或臭名永留的歷代敗類的名字，或者是他們曾經用過的別字，也應避免沿用。姓孫、姓李、姓秦、姓吳的人，總不至於貪圖方便，起名孫中山、李白、秦檜、吳三桂吧！

名字過份「直白」，流於簡單化、太直接，缺乏內涵美感，

同樣應予避免。黃愛金、何發財、張長壽，這類名字給人的第一感覺就是膚淺，沒有深度，思維單一，有如白開水全無味道。

單字名最容易觸犯此禁忌。單名只表達單一的內容，難免因簡單化而造成淺薄的印象。我們常見的一些舉例，王二、張三、李四，就是屬於這一類。

# 3. 用字冷僻耽誤姻緣

　　採用冷僻罕見、容易讀錯或聽錯，甚至連一般字典也不易查到的字，是起名的大忌。這類名字不僅損害其人的人際關係，影響「出人頭地」的機會，甚至造成運程上的挫折。

　　清末民初的國學大師章太炎，就是由於炫耀自己才學淵博高深，替四個容貌姣好的女兒起名時，用了極為冷門生僻、連當時的學界名宿也叫不出的字，結果弄巧成拙，導致女兒嫁杏無期、長期獨守空閨的困局。

　　眼看女兒先後到了婚齡，卻沒有書生公子垂青，也沒有大戶人家遣派媒人到來提親。後來才得知，本想提親的人都因為讀不出章太炎女兒的名字，怕出醜丟人而不敢上門。女兒的婚事都因此而耽誤了。

　　章太炎原來全部挑選當時已經不流行的古字替女兒起名，名字都是四疊字，分別是四個乂（㸒音里）、四個又（叕音卓）、四個工（㠭音展）、四個口（㗊音吉）組成。名字生僻深奧，很多學者都都不知讀音和意義。

　　如今也有一些人喜歡用冷僻字給自己的子女起名，隨著孩子逐漸長大而麻煩事也接踵而至。報載香港的學生中最近發現有人採用奭罳（音式江）、姁婧（音許靜）、焱燚（音焰藝）等生僻字為名。這類名字現階段充其量只是給老師和同學添加諸多不便而已，但將來投身社會，職業和前途都可能受到難以預計的負面

《名字改變命運》

影響。

　　歷史名人章太炎替四名女兒精心挑選的名字，就是最明顯的實例，四個女兒婚緣因此而添加阻滯，幾乎成了現今所說的「剩女」。

　　名字是人的記號，方便別人稱呼叫喚，而非為了賣弄博學多才。再以章太炎女兒的名字為例，假定她們活在現代，申請入學或求職時，如果主事人讀錯而後經她們當面糾正，難免令對方異常尷尬，取錄的機會必定大打折扣。又假如她們有幸得獎，主持人真不知道如何叫喚她們上台領獎。至於日常生活上和工作上遇到的各種不便，可想而知。

# 4. 字怪難讀最大敗筆

名字固然應該避免俗氣粗鄙，但也不宜為求典雅或與眾不同而刻意選用罕見的生僻字。

某些並非常見、需要翻查字典才可知道字義和讀音的字，例如奈（音耐）、匯（音恢）、忒（音剔），的確不宜加入名字之內。從心理角度而言，倘若別人認定你的名字生僻，無從叫喚，很容易便滋生抗拒心態，不想跟你交往。

從姓名學的角度而言，姑且不論這些名字是否都配合生辰八字的陰陽五行、筆畫吉凶等因素，單是字形怪異，難以讀音，已是最大敗筆。

專家統計顯示，採用生僻字為名的人，八成以上個性孤獨，人際關係較差。

名字既然是給別人叫喚的，首先該考慮別人是否認識該字的問題。欲求名字意義深奧，不在於一定採用生僻的字。簡潔而常見的字有時也具有深層的文化內涵，令人回味無窮。

在古代，使用生僻字為名的人，多是九五之尊的皇帝，他們君臨天下，以此避諱。早在漢代就有這個現象，如漢元帝劉奭、漢成帝劉驁、漢平帝劉衎、漢章帝劉炟。到了南宋，這個傳統習慣仍然未變，宋代度宗趙禥、宋端宗趙昰、南宋末代皇帝趙昺、西夏末代皇帝李睍等等都是屬於這一類。

如果是一個愛民若子的好皇帝，名字再怪僻，後代百姓也會

長留記憶；若是亡國暴君，尤其是那些臭名昭著的皇帝，民間必定避之若浼，遑論銘記於心。

中華民族歷史悠久，文化燦爛，姓名歷史源遠流長，在世界各民族姓名文化中，堪稱獨特、典型。「千秋老字號，萬古好名聲。」自古以來，經典的好名字有獨特的語言意境和奧妙內涵。採用罕見生僻字不一定達到「萬古好名聲」的經典效果。

# 5. 處處波海人人勇軍

十多年前，內地的《青年文摘》發表過一篇中國十大最「俗套」名字的文章，列舉中國國內父母為男嬰起名時，最多人慣常選用的一批字：波、剛、海、勇、軍、偉。以人數計算，十個最「俗套」的姓名依次是劉波、李剛、李海、張勇、王軍、王勇、張偉、劉偉和李偉。

這篇文章後來名列新浪博客「一周最熱博文」的第一名，先後有接近五十萬人點擊。

在香港，有人統計過年輕一代最普遍採用的名字，發現在三萬人之中有 79 個嘉欣、76 個淑儀、67 個嘉敏、58 個志偉、嘉慧 57、慧敏 57、詠詩 55、佩珊 53、美玲 51、俊傑 49、慧儀 48、嘉儀 48、敏儀 46、偉傑 45、嘉雯 45、偉雄 44、鳳儀 44、美儀 43、志強 43、佩儀 42、家俊 40、偉明 39、嘉豪 38、淑芬 37、慧玲 36、凱欣 36、詩敏 35、志豪 35、淑貞 34、思敏 34、家豪 34、婉婷 34。由於採用者眾多，於是淪為時代的俗套。

家長為嬰兒起名時，懶得思索，不求創新，盲目跟風隨俗，結果就造成了這個處處是「波海」，人人皆「勇軍」的怪象。

起名本來就有許多禁忌，必須清楚認識禁區，避免犯忌影響一生，為孩子將來招致尷尬不快，甚至產生自卑。

太俗套的字固然不可採用，過於標奇立異的字，尤其是狂妄自吹或过分自貶的字也不可入名。例如王萬歲、李無敵、陳天才

之類的名字，就有點過火了。至於張大愚、何弱夫、林不濟，在名字中以大愚、弱夫、不濟自貶，近乎虛偽，則大可不必。

　　名字是一生的包裝，自幼到老，伴隨終生。小時候，萬千寵愛加於一身，父母長輩呵護有加，因而取名嬌嬌、小寶、趣趣、犬子、牛牛，無可厚非。但是，如果名字太過幼稚，長大後難免令人覺得稚氣未除，難成大器，就不敢寄以重任了。

　　太稚氣的名字，作為小名或乳名，僅在小時候叫喚，不作正式名字使用，問題不大，因為傳統上歷來都有「小名不避怪鄙」的習俗。

　　早在春秋時期，皇室貴族已經盛行為初生嬰起小名的習慣。史書記載，孔夫子的兒子小名叫「鯉」；陶淵明小名「溪狗」；王安石的父親為他取小名「獾郎」；鄭庄公出生時難產，取小名「寤生」；晉獻公和宋孝宗的小名分別是「蠆」（毒蝎）和「小羊」。這些僅在童年時候叫喚的名字，即使光怪陸離，都無傷大雅。

# 6. 雌雄莫辨男女不分

父母為初生嬰兒起名，必須兼顧嬰兒的性別。男嬰宜用堅強陽剛的字；女嬰用字宜溫婉陰柔。如果反其道而行，男用女名，女用男名，或採用無法望字而知性別的中性字，將來必定引致諸多不便，甚至鬧出笑話或造成尷尬。

有些過於女性化的字，例如女字旁的妃、娥、妞、妮、嬌、娜、娟、姬、婉、媚……或花卉名稱（芷、莉、菊、蘭、蓮、薔……），又或形容女性容貌德性的字（黛、麗、翠、惠、貞、淑、美、香、艷……），都不宜用在男嬰的名字上。

當然，凡是表現男性剛強堅毅一類的字，諸如勇、武、威、剛、雄、虎、力、也不宜用作女嬰的名字。

清代學者趙翼的《陔餘叢考》，在第四十二卷也曾談到「男人女名，女人男名」的問題：

「古有男人則女名者，魯隱公名息姑，李君羨小字五娘，後唐衛州刺史李存儒，名婆兒，錢鏐小名曰婆留……此皆男人女名也。」

又：「女人亦有男名者：武帝皇后名衛子夫，鮑宣妻桓氏字少君。南齊宮中有姓韓婦人名叫文詞，年老時宮中稱之為韓公。則又女人而有男子之稱矣。」

上述的例子，畢竟屬於罕見的少數，並非古時候普遍現象。

有些人為了職業的需要採用女名，例如戲劇界的梅蘭芳，本

是男子漢，但因長期表演女角而取女名，那是為順應環境現實而刻意為之，當然無可厚非。

也有些父母長期盼望產子，結果誕下女嬰，因而刻意為初生女嬰取名「引弟」或「招弟」，憑此寄意，希望心想事成。

男取女名，女取男名，令人男女難分，雌雄莫辨，還是可免則免為佳。

# 7. 男名陰柔女名陽剛

眾所周知，公眾地方的廁所都分設男廁、女廁，人的名字也該有這樣的功能，讓他人容易分辨，各有不同。雌雄莫辨的名字是起名的一個大忌。

男性和女性既然各有獨特的生理特徵，名字應該明確反映兩者的不同，起取的名字切勿男女不分，造成終生的混亂，甚至鬧出笑話。

歷代的起名用字之中，男性和女性都各有約定俗成的規範，男名通常表現陽剛、堅毅，女名反映陰柔、溫婉。如果反其道而行，男起女名，女取男名，在別人眼中，不僅男女難分，而且不倫不類。

可惜在現實生活中，很多身為父母者都不在意男女有別，以為只要名字合意，其他都是次要。

法律上雖然沒有條文硬性禁止男起女名，女取男名，但畢竟男女有別，起名時要兼顧社會上一般人的觀感和反應，要考慮可能引起的不良效果。

一個雄赳赳的勇武男子漢，假定名叫王秀麗，或者一個嬌滴滴的弱質女子名叫王勇雄，又假定他們學業有成，將來都當上了婦產科醫生，診所門口招牌大字標明王秀麗醫生、王勇雄醫生。如果孕婦刻意要找一位女醫生，單憑姓名選擇，大概不會找上勇雄醫生，最終選擇了王秀麗醫生，相見之下才知道弄錯了，結果

必然尷尬。

　　女性的名字通常都有傳統上特定的範圍，如：妞、妮、娥、姬等女性字；或者嫻、婉、潔、靜等女德字，又或者有關女容（娟、妙、嬋、媚）和花卉字（蘭、菊、蕙、梅、莉）以及艷麗字（麗、秀、紫、香）。又，有關慧雅（巧、妙、卿、慧）、景象（霞、雪、雯、露、冰）、羽翎（羽、鶯、燕、鴛、鶯、鳳、鵑）、女性飾物（釵、釧、綉）等等字，都在上述的範圍之內。

　　嚴格而言，難以明確判斷性別、男女皆可選用的中性名字，也該避免採用。如果兩個中性字同時並用，必然產生混淆，令人難以望名知性，易生誤會。

# 8. 超雄小姐慕茵先生

中國古代的女子，尤其是先秦時期的女子，名字都帶有強烈的女性特徵，以女或女旁的字入名。娥皇、褒姒、女媧、嫘祖，就是明顯的例子。其後的蔡文姬、緹縈、花木蘭等名字，也有顯著的女性色彩。

古時的人為孩子起名時，如果是男孩，名字便在《論語》內物色；如果是女嬰，就從《易經》裡尋找，因此流行這樣一種說法「男看論語，女看周易」，顯示歷來對以名字寄意的重視。

《論語》和《易經》都是儒家的經典著作。《論語》內容涵蓋儒術立身處世的各個層面，一直是士人學子奉行的金科玉律。《易經》則是中國傳統思想文化中自然哲學與人文實踐的根源，是古代思想智慧的結晶，被譽為大道之源，幾千年來在各個領域產生巨大的影響。

反觀現代，男女採用中性名字，或男用女名，女用男名，這現象極為普遍，以致雌雄難分，造成混亂。常見一些嬌滴滴的少女，名字竟然叫冠雄、勝男、亞男、超男！

忽發奇想，這些女子將來如果報名參加選美，主持人高聲叫喚張超男小姐出場時，台下觀眾究竟會有怎麼樣的驚訝反應！

男女畢竟有別，如果在名字上難以分辨，鬧出笑話便是意料中事。友人服務的一家貿易公司，總經理名叫何慕茵，公司平時接獲的各類邀請信，都以小姐相稱；到公司找總經理的人都在接

178

《名字改變命運》

待處説要見何小姐。接待處職員啼笑皆非，因為總經理是堂堂男子漢。

　　據友人説，總經理這個女性化名字，是他父親當年為紀念一位名帶「茵」字的生意上恩人而特意起取的。

　　最令這位何先生尷尬的，是他和同業有次一同應邀到日本考察一家廠商的生產綫，接待員竟安排他與一位女同業同房，贈送給他的公司紀念品竟是一套女性用化妝品，而不是同行男性團友獲贈的剃鬚工具套裝。後來幾經周章，終獲「平反」。

# 9. 一字多音添煩添亂

有人做過統計，常用字之中，有二百多個字是一字兩音，甚至三音四音。採用這類字入名，往往會造成混亂，老師、同學、朋友、同事……都無可避免出錯，誤叫別音，需要名字的主人糾正，可謂自尋煩惱。其實，這也是起名的一大禁忌。

以下是名字中較常見的一些雙音字：

藏——西藏、收藏。

茄——雪茄、番茄。

樂——音樂、快樂。

行——銀行、行動。

朝——朝代、朝氣蓬勃。

省——反省、廣東省。

降——投降、天降橫財。

乾——乾杯、乾隆皇帝。

造——製造、造詣。

清末有個姓樂的秀才，取名「樂樂」，姓加名，一連是三個「樂」。這位樂樂樂，自鄉試而至會試，考官都叫錯他的姓名，三個字都讀成快樂的樂音，樂樂樂知道考官讀錯，深感不快。

後來會試考官雖然讀對了姓氏的樂音（音樂的樂），但名字仍是快樂的「樂」音。樂樂樂為此再次悶悶不樂。

直至最後的京城殿試，高中舉人，見識廣博的主考官才得以

正確叫出他的姓名。第二個「樂」字，若是輩份，正確讀音近似「堯」。

這位樂姓書生，取名樂樂，不僅為自己帶來不便，也給別人添煩添亂。

宋代史學家胡三省，是另一個例子。名字中的「省」有兩個讀音。讀過《論語》的人都知道有「吾日三省吾身」之句，三省是三次反身自省。明白出處，當然不會讀錯，但一般大眾百姓、販夫市井之輩，就難免讀成省份的「省」音了。

起名時，應該盡量避開這類容易招致不必要混亂的多音字。

# 10. 英俚屁股陰尸乳頭

生於二千五百年前的魯國教育家、思想家孔子，後世敬稱為孔夫子、孔聖人、萬世師表。他有一個普世知悉的英文名字「Confucius」，源於拉丁化的音譯。Confucius 這個名字原是十六世紀來華的傳教士利瑪竇等人將孔子學說介紹給西方時使用的譯名。由於源遠流長，時至現在，儒學也被稱為 Confucianism。

孔子名丘，字仲尼，現代有些人調侃，替仲尼配加了發音相近的英文名字「Johnny」，可謂諧而不謔。

配加英文名現已成為嬰孩誕生時的指定動作，由於對英文名字的原意不了解，或對其後衍生的負面意義認識不足，萬一誤選這類名字為名，難免因而授人笑柄，成為別人長期嘲弄的對象。

以華人女性普遍採用的一批熱門英文名字為例，其中不少都帶有不雅的含意。據研究俚語的專家說，以下一些名字很容易招致了解其義的人戲弄嘲笑，還是避免採用為妙：

Kitty（女性屁股）、Fanny（女性陰戶）；至於 Cherry 雖是櫻桃，但也解作乳頭或處女（膜）。英文所說的「Pop a cherry」，就是指奪去處女貞操。

可能由於事前未有深究其意，Kitty、Fanny 和 Cherry 這三個英文名字在香港有極多女性採用，可說隨處可聞，無論在街頭、公園、辦公室或巴士等公共交通工具上，都聽到叫喚聲。如果當事人當初知悉這些英文的不雅貶意，大概都不會選作名字。

此外，Sweetie、Honey、Angelababy、Candy、Cheer、Apple、Happy、Easy、Coco、Lolly、Sugar、Cece、Cici 等等甜蜜女性名字，都是脫衣舞娘或「性工作者」慣用的別名，負面含義非常明顯；至於 Pussy 本來是指毛茸茸的小貓，現已變成貶意，專指女人的陰部，容易令人想入非非，含義就更不堪了。正常女性不宜採用這些名字。

有些英文名字本來沒有問題，但是與姓氏的英譯配合起來就鬧出笑話。一名在美國南部工作的華裔女士 Jolly Wang，每次她報上自己的名字都引起別人哄堂大笑。她後來才知道「Wang」在南方俚語解作「小弟弟」（男性陰莖），Jolly Wang 意即「開心快活的小弟弟」。

# 11. 英文廁所陰莖起名

很多華人尤其是在香港和海外生活的華人，都在中文名字之外配加英文名。名字一經選取，載入法定證件，便伴隨終生，不慎錯配誤選帶有不雅含意的字而受人嘲笑，遺患到老，確實非同小可。

男性方面，若干熱門的英文名字也有類似的狀況。如果對英文的原意不了解，或對其後衍生的負面或不雅意義認識不足而誤選這類名字為名，便很容易招致俚語專家所說的「戲弄嘲笑」。以下是常見的一些不雅名字：

Ralph（嘔吐，英文流行語）、Peter（聽來像 Pee-ter，小便)、Dick（男性陰莖）、Johnson（也是陰莖的代名詞）、Lucifer（惡魔的同義詞）、Willy（同樣是男子性器官的戲言）、Rod（棍子，全名是 Roderick 或 Rodney）。

雖然現在還是有很多人名叫 John，但是當你聽到有人說「I am going to the john」時，他不是要去見 John，而是要上廁所。在西方社會，很多人都知道 John 是廁所的別名，正如台灣人戲稱廁所為「歌廳」一樣。

歐美很多稍有識見的西人，現在都很少採用上述那些令人感覺不雅的名字了。

此外，還有一些外文名字帶有不吉、不幸、悲傷、痛苦、甚至缺德的色彩，為自己或嬰兒選擇名字時，為杜絕後患，必須盡

量避免。限於篇幅，以下僅附列其中一部份：

女性：Alile（垂淚哭泣）、Avishag（父之過）、Cassandra（勾引迷惑男人）、Cassie（勾引男人）、Chiwa（死亡）、Cissota（失明）、Daphoene（嗜血好殺）、Dayanara（剋夫）、Dedra（憂愁）、Dianira（濫殺無辜）、Dikeledi（眼淚）、Evrona（憤世疾俗）、Jobina（慘遭迫害摧殘）、Mardini（毀壞）、Maricela（辛勞吃苦）、Odessa（滿腔憤怒）、Sita（愁眉不展）、Tzila（陰暗沮喪）、Velna（魔女）。

男性：Acheron（地獄冥河）、Amadi（註定死去）、Burrell（施虐者）、Garvey（殘酷的命運）、Jabez（痛苦難過）、Lorcan（暴夫）、Lysias（破壞者）、Odysseus（充滿憤怒）、Sanna（慘遭嚇壞）、Talbott（壞蛋狂徒）、Uther（恐懼）。

# 12. 雨字疊頭與天斬煞

中國文字最獨特之處，在於形、音、意結為一體，結構嚴謹而複雜，因此起名的時候，要盡量兼顧形美、音美、意美。有位名人曾說，形美感目，音美感耳，意美感心。

起名時，要力求字形、字音、字意配搭恰當，不要流於單調乏味、發音低沉或者意境鄙俗。

中國文字有多種結構，除了獨立體（天、日、月），還有左右體（陳、彌、何），左中右體（術、鋤、漸），上下體（吉、孟、宇），上中下體（密、菖、享），包圍體（因、國、團），品字體（晶、鑫、磊）……起名時，要盡可能避免全部採用同一結構體的字，以免令人望之生厭。形不美自然產生單調乏味的感覺。

有位姓霍的男士，取名震雷，這就是典型的上下體，何況「霍震雷」一連三個字都是雨字頭，組合不僅單調，而且也不美觀。即使生辰八字五行欠水，三雨臨頭似乎也太沉重了，感覺上吃不消。

再以另一個名字林相柏為例，不但三個字左右體，而且都是木旁，也是屬於單調不美觀之類。左右體名字還有另一個更大的缺點，就是犯了「天斬煞」的忌諱。林相柏三字直排，中間仿如被刀劍由上而下劈開，其形不太吉利。起名時，三字均屬左右體的組合，應該盡量避免。

## 《名字改變命運》

　　形態犯天斬煞的左右體名字，傳說有很大機會給主人帶來可悲惡運，歷史上有頗多先例。二千四百多年前著名軍事家孫臏的遭遇是其中一個顯著的例子。

　　孫臏生於戰國初期的齊國，原名孫斌，一生命運坎坷。孫斌最初與魏國人龐涓同在鬼谷子門下學習兵法，龐涓自知才能智慧都不及孫斌，一直心懷嫉妒。龐涓後來當上魏國的大將軍，於是誘使孫斌到魏國，並且設計陰謀陷害他，唆擺魏王施加臏刑（削去雙足膝蓋），並以墨塗黑刺字在雙頰。雙足殘廢的孫斌還被關押大牢。

　　孫斌因受臏刑，後人於是改稱他為孫臏。千古傳誦的《孫子兵法》是他獲齊國使者暗中拯救回國之後寫成的。

　　上述的舉例，並非強調犯天斬煞的左右體名字的主人都會遭遇悲慘經歷。凡事總有例外，如果命好、運旺、風水佳，其人名字即使全屬左右體，也不至於損耗運勢。

# 13. 饕餮為名六避之一

有一家公司取名饕餮，我第一次看到這名號時，立刻浮現一個疑問：如此冷僻的字究竟有多少人懂得讀音呢？

這兩個字都屬於食的部首，當然會聯想到與飲食有關，但真正的意思和讀音就未必人人都懂得了。

出於好奇，我刻意先後詢問身邊一些受過大學教育的朋友，十個人之中只有兩個人懂得這兩個字的讀音，至於真正的意思，就不大清楚了。

假設有一家名叫饕餮的餐廳，不懂這兩個字讀音的食客，你猜他們會不會相約朋友到這家餐廳消費？連名字也叫不出，以常理推測，大概都不會選擇這樣的餐廳。

饕音滔，餮音鐵。傳說饕餮是種貪財嗜食的惡獸，性兇悍，行動迅速如風。古人常以此比喻貪婪兇惡的人，貪財為饕，貪食為餮，因此成語有「貪如饕餮」之句。現代專指貪於飲食的人，食家名為老饕或饕餮之徒。

以畜牲尤其是惡獸為名，在古代是起名的六避之一，遑論是生僻的字了。

古人起名，都堅守奉行六避的禁忌。《左傳》記載魯國大夫申繻所說的六避是：不以國，不以官，不以山川，不以隱疾，不以畜牲，不以器幣。

在周代，習俗忌諱死者之名，上至天子、諸侯，下至宗族的

《名字改變命運》

尊長，一旦去世，後人就不能再提他們的名字。因此，當時的天子、諸侯起名時都要迴避採用國名、官名、山川名等等為名字，以免去世後，國名、官名、山川名須棄置不用而引致社會混亂。

以國名為例，如果國君以國名作為自己的名字，待國君崩逝後，國民要諱其名，國家就得改名，事關重大，所以必須避免。當然，採用別國的國名為名，不算違俗。

古人以牛羊豬等畜牲和貨幣祭祀，為免這些畜牲因國君離世而改名，引致不便，起名亦需迴避。「不以隱疾」為名，主要原因是為了吉祥。

現代人雖然無此禁忌，大概不至於用「總統」、「便秘」、「美元」之類的官名、隱疾、貨幣為名字。

# 14. 忌流行字造成混淆

不同的人採用同一的姓名，不但姓氏相同，連名字也一樣，這在生活上帶來的不便可想而知。因此，同姓同名屬於姓名學上的一個大忌。

報載台灣雲林縣戶籍記錄的居民之中，竟然有二十六人都名叫李茂松。一群李茂松出於好奇，多年前在酒家舉辦一次聚會，結果有十四人參加，年紀最大的一位七十七歲，最年幼者只有九歲。

聚會進行中，酒家的服務員進來通知：請李茂松出服務台聽電話。當時所有人都站起來，準備出去接聽電話。這時候大家才突然想起，在座所有人都叫李茂松，來電者究竟找誰呢？幾經折騰，最後才弄清楚對方要找的李茂松是哪一位。

上述的情況只是同姓同名帶來的其中一個不便。在學校裡，同班學生之中如果有兩三人同姓同名，引起的尷尬、不便、甚至混亂可想而知。

至於銀行處理帳戶或出入境時因姓名性別相同，而年紀又差不多，因而遭受延誤，情況就更加普遍了。

同名現象古已有之，只是問題當今更嚴重而已。原因至少有三個：一是人口增加了，同名的比率隨之上升；二是太多人起名時集中選取近乎過份濫用的廣泛流行字；三是大姓人數多，同姓同名機會更多。

《名字改變命運》


　　現代人喜用單字為名，同姓同名的機會就更多了。據北京民政部門統計，1950年的單字名只佔人口百分之四，近年已上升至百分之八十。勇、偉、波、軍、剛、濤、潔、英、穎等單字名，無論配任何姓氏，人數都很多，因此同姓同名的比率特別高。

　　盡量避免使用單字為名，少用已經濫用的流行字，或者選用詩詞歌賦中一些典雅的字，都是減少同姓同名機會的明智之舉。

# 15. 採用單一字易置名

單字名，即單姓加單名合成兩個字的姓名，或者兩個字的複姓（例如司馬、司徒、歐陽等）加上一個單字名，姓名共計三個字，都是屬於單字名；單字名極容易引起同姓同名的問題，為日常生活帶來很多麻煩、不便，甚至尷尬。

現代社會人口眾多，且大部份都集中在少數的幾十個大姓，同姓同名的機會率特別高，因此在現代已經成為起名的多種禁忌之一，起名時必須盡量避免。

根據有關部門統計，中國大陸同姓同名人數最多的五個姓名是：張偉、王偉、王芳、李偉、王秀英，第六至第十則是：李秀英、李娜、張秀英、劉偉、張敏。又，靜、麗、強、軍、勇、艷、剛、毅等，也是同名率極高的單字名。

上述的統計顯示，起用的名字固然局限於少數幾個已經用俗了的熱門字，而且都是集中於張、王、李等大姓，產生同姓同名的機會率特別大，實屬理所當然。

採用單字名不僅只是容易造成同姓同名的問題，其實從表現力度、字形配搭、字音協調和審美的角度判斷，效果都不及雙字名。

康熙字典內的中文字雖然有四萬之多，但現代的常用字只有三千五百左右，適用於起名的字就更少了，大約只有四百字。在如此狹窄的用字範圍內，如果還要以單姓配置單字名，以十三億

人的龐大數量屈指一算，必然造成大量同姓同名的重名現象。

　　盡量避免採用單字名，視單字名為起名禁忌，並非全無理由。

　　回望歷史，採用單字名的習慣由來已久，且一度非常盛行。古時候，人口相對較少，更沒有用字過份集中的現象，所以情況不至於太嚴重，不會泛濫成災。

　　早在漢唐時代，當時很多人都是採用單字名。漢高祖劉邦、魏武帝曹操、隋文帝楊堅、唐代詩聖杜甫、詩仙李白，以至三國時的諸葛亮、晉武帝司馬炎（諸葛和司馬都是二字複姓），全部屬於單字名的典例。那時候，人口不多，更沒有集中使用少數幾個熱門字，所以同姓同名現象並不普遍。

# 第七章　姓死露腿封馬路

1. 統計發現有人姓死
2. 三姓攜手封馬路
3. 男兒戴帽女子露腿
4. 真古董和複製品
5. 獨特的文化現象
6. 為謚號竟死不瞑目
7. 名諱誤事製造笑柄
8. 「愚人節」愚人節闖禍

# 第七章
# 姓死露腿封馬路

唐朝開國皇帝李淵登基後，給大批不同姓氏的功臣賜封李姓，造成今日李姓遍布全國，人數最多。

# 1. 統計發現有人姓死

你認識的朋友之中，有沒有人姓「死」？原來中國內地真有這樣的姓氏，居於人數最少的三個小姓之一。

友人看到有關的統計之後，第一個問題是：姓死的人怎樣起名呢？我笑言，這姓氏後面如果配上復活、無忌、永生、不了，變成死復活、死無忌、死永生、死不了，不就化腐朽為神奇，破解祖傳的「先天魔咒」了嗎？

根據內地民政部門的統計，內地人數最少的三個姓，分別是難、死、山。普通人誰會想到居然有人姓死！他們主要分佈於西北部，是北魏時期少數民族的四個複姓發展而來。

至於難姓，「難」本是一種鳥類，南北朝時候的鮮卑族崇尚難鳥，於是改姓難。難姓的後人大部份已經遷移到朝鮮半島，中國內地可謂碩果僅存。

小姓之中的「山」，本姓岳，他們自稱是岳飛後代，因遭受秦檜迫害而將岳字去上留下，改姓山，相繼逃亡到安徽、遼寧個別地區避難，目前人數大約二千。

據上述部門的最新統計，全國各地目前大約有四千一百個姓氏。以人數計算，李姓排名首位，約佔總人口的百分之十三；其次是王，百分之十二；排名第三位的是張，佔百分之十一點八。

李姓人數最多，原因在於早在唐代的時候，共有十六個不同姓氏的開國功臣，獲唐高祖李淵賜封李姓。今天我們所認識的一

些李姓朋友，他們的祖先可能不是姓李。

當年獲得皇帝賜封李姓的十六位元勳，其本姓是：徐、邴、安、杜、胡、弘、郭、麻、鮮于、張、阿布、阿跌、捨利、董、羅、朱邪。

王姓也是由很多姓氏組合而成。古代帝王後裔，包括王子、王孫等，後來便索性改為姓王。

張姓源於黃帝，本是黃帝的後代子孫。到了漢代，姓張的人數量突然大增，這與當時道教大行其道有關。當時的道教教主是張角、張魯，皇帝於是大量賜封張姓，張氏人數由此大增。

# 2. 三姓攜手封馬路

有人姓死，固然令人大感驚奇詫異，然而即使是平時常見的姓氏，如果恰好連成既奇且趣的組合，同樣令人感到絕頂美妙。

據台灣電視報導，台中地區一處道路管理站的三名女員工，封倩文、馬秀霞、路美霞，三人如果同時值班，姓氏名牌同時掛在一起，合起來唸便是「封馬路」。封馬路成了當地民眾和員工的笑談。

她們自己開玩笑說，如果封小姐休假，自己除下名牌，剩下馬小姐和路小姐當值，只掛出其他兩人的名牌，就是「馬路」暢通了；馬小姐休假，剩下的兩個名牌就是「封路」；如果路小姐休假，名牌就是「封（瘋）馬」了。

另據台灣報紙消息，當地有對夫婦不僅同姓，而且同名，都叫林清雲，可說是天生的緣份，在日常生活中卻帶來不少困擾。男的是牙醫，太太是護士長，兩人結婚將近四十年，早年孩子尚小，單是家長簽名一事，孩子就常被學校老師誤會，甚至責難：「你怎麼這樣笨，連父母的姓名也搞不清楚，父親簽名欄和母親簽名欄寫同樣的三個字！」

據統計，台灣目前至少有四對夫婦是同姓同名，既是緣份，也是難得的巧合。

台灣的原住民傳統上有婚後冠夫姓的習俗，有位柳姓女子嫁入花姓男家後，人稱「花柳太太」。這位太太有次到醫院看病，

《名字改變命運》

醫護人員說這樣的姓氏組合很難在公開場合叫喚，只好叫「喂」
代替。

在台灣，全島共有一千五百個姓氏，人數最多的十大姓佔了
總人口的一半。常見的陳、林、黃、張、李五姓都名列其中。

據官方統計，這一千五百個姓氏之中，有一百二十三個僅餘
一人，可列入「瀕臨絕種」的孤寡姓氏。台灣的「怪姓」不少：
如：呼、陰、帥、後、鹿、兀、廾、斜、閆，之外又有難以讀音
的「鸘」（鸘讀雙，原是一種鳥類）。

前幾年，這些怪姓人在台灣北部的桃園縣聚會，決定成立一
個怪姓宗親會，加強聯繫。當時參加聚會的怪姓，有三十幾個。

# 3. 男兒戴帽女子露腿

有「儒商」之稱的民初名人張武齡，為兒女起名的故事，曾一度成為廣泛的話題。這位父親採用的原則，是男「戴帽」，女「露腿」。

六個兒子名字採用「頭戴寶蓋」的「宗、寅、定、宇、寰、寧」，象徵家族的寶蓋頭發揚光大。

四個女兒的名字分別是「元和、允和、兆和、充和」，名字的第一個字都帶上了雙腿，希望她們心懷大志，步步高升，光耀門楣；這些字全部都附有「兒」的字根，表示他期盼女兒都能像男兒一樣擁有「志在四方」的抱負。

張家四個才貌雙全的女兒在當時是很多文人心儀的對象。後來，大女兒張元和嫁給昆曲名家顧傳玠；二女兒張允和嫁了頗有學術成就的語言學家周有光；三女兒張兆和則嫁給赫赫有名的大作家沈從文；老四張充和嫁了德裔美籍漢學家傅漢思。父親張武齡可算如願以償。

二姐張允和曾一手撮合了三妹兆和與沈從文的婚姻大事，事情辦成之後，給沈從文發電報，只用了一個「允」字，半是告訴對方，家裡已經答允，半是自己的署名，這封「一字兩用電報」的故事，在文學史上傳為佳話，也使得張老先生不落俗套的取名方式，至今仍為人們所津津樂道。

嚴格而言，上述元和、允和、兆和、充和四位張小姐的名字

並非無懈可擊的「佳名」，因為都犯了「男女不分，雌雄莫辨」的起名大忌。

　　男女性別不同，名字必須明確顯示出這一點，如果在名字上雌雄不分，難以分辨，日常生活上鬧出笑話是意料中事。

# 4. 真古董和複製品

　　現代人只有名而無字，但古代的人在名之外，還有字和號，這裡先說字。根據古時的禮制，「名」是在出生三個月後由長輩親自起取。「字」則是在男孩子二十歲（女孩子十五歲）成年時舉行的加冠禮上由父兄的親友冠字、命字，或稱表字。

　　一個人有了字，等於已經長大成年，享有社會的一切權利和義務，可以結婚生育，家族從此增加了一名成人，國君也多了一個子民。幼時所用的名，再不適宜在社交場合使用了，於是才產生「字」。

　　字的出現，緣於尊重祖先長輩的倫理需要。古人在祭祀先祖時，都以字代名，只是稱呼字而不敢直呼其名，以示對先人長輩的尊敬。至於自己的名，從此僅供長輩呼喚；平輩或晚輩只可以互相稱呼字，而不再喚其名。

　　即使是國君、帝王，通常也是以字稱呼屬下的文武百官而不叫名。如果直呼其名，那是輕蔑的表示，可能該臣子已經犯罪，要受王法處置了。

　　古人說「名以正體，字以表德」，因此字又稱為表字。字不是男性專有，女子到了十五歲可以出嫁了，也要冠字。紅樓夢有這麼一段敘述：賈寶玉詢問林黛玉的表字，林黛玉即時答道「無字」，顯然她還未到十五歲的婚齡。古人所說的「待字閨中」，正是雲英未嫁之意。

## 《名字改變命運》

現代人耳熟能詳的很多古代名人，都有他們的字，例如諸葛亮字孔明，蘇軾字子瞻，杜甫字子美，唐寅字伯虎......

著名語文學家呂叔湘對於名和字有幾句妙趣的解讀：「因為名要忌諱，所以名之外有字。名是正牌貨色，不好隨便動用；字是副牌，用來方便流通。正好像真古董不拿出去展覽，用複製品代替。」換言之，名是自然生命的代號，字是社會生命的代號。

名和字在意義上往往都有密切聯繫，有些比較明顯，例如東漢史學家班固字孟堅，固和堅同義。另有一些則較為曲折，例如孔子七十二弟子之一司馬耕，字子牛，牛和耕可說異途同歸。

# 5. 獨特的文化現象

上文先說「字」，本篇再談「號」。

號是中國文化中一個獨特的趣味現象。號有自取的，不受任何規範制約，也有別人贈予的。廣義的「號」有別號、謚號、綽號；狹義的號實際上是一個人在名和字之外的別字，又叫別號，反映了自由奔放的情懷，在文人中特別盛行。

如果與名字相比較，號在風格上顯然大異其趣。名字傾向莊重、嚴肅、寄意；號則重視靈巧、飄逸、天馬行空。出生時起取的名和成年時冠上的字，通常只有一兩個字，而且在意義上互為關聯；號則與名和字完全無關，字數也不限，全無定式。

別號始於春秋時期，宋明兩代廣為流行，上至帝王，下至平民百姓，人人有號，到了清代才逐漸淡化消失。

詩聖杜甫號「少陵野老」，白居易號「香山居士」，陶淵明號「五柳先生」，陸遊號「放翁」，乾隆皇帝因珍藏大量文物珍品，自號「三希堂」。逐一欣賞古人的號，玩味其生活情趣，也是一件賞心樂事。

古人很多都以號行世，名字反而不常用。我們耳熟能詳的書畫名家「八大山人」就是號，他的真名朱耷反而少人知悉，鄭板橋、蘇東坡、章太炎，都是號。

古人喜以居士自號，李白號「青蓮居士」，蘇軾號「東坡居士」，李清照號「易安居士」，蒲松齡號「柳泉居士」都是屬於

這一類。

　　也有些人以行業、居所、器物或山水為號。翻閱古人筆記，可以看到「長蘆釣魚師」、「大田農」、「晦庵」、「夢窗」、「少室山房」、「一壺」、「山谷」、「竹林」、「白雲海」這一類的號。

　　號的字數最初由一字、二字發展至三、四個字，其後越來越長。清代有個名叫成果的和尚，自取號長達二十八個字「萬里行腳僧小浮山長統理天下名山風月事兼理仙鶴糧餉不醒鄉候」。如此冗長難記的號，肯定不為世人接受，而且也不可能廣為傳播，只能永遠留為己用。

　　時至清代，號似乎已經有點走火入魔了，不只一人一號，有些人的號多達幾十個，泛濫成災的結果，就是逐漸淡化，最終消失於無形。

# 6. 為諡號竟死不瞑目

「號」之中的諡號，是古代君主、諸侯、大臣、後妃等上層人物死去後，官方根據他們的生平事跡和品德修養，評定褒貶，給予一個帶有評判性質的稱號，這就是諡號，相當於一個人的蓋棺定論。

諡號創於周朝，先秦時期的君主諡號由宮廷禮官構思獻上，臣下諡號則由朝廷賜予，一般是一個字，有時兩個字。秦始皇統一天下後，唯他一人獨尊，不滿諡號形成「臣議君、下議上」的狀態，一道詔書便廢除了諡法，此後以「皇帝」作為最高統治者的稱號。漢朝又恢復諡號。到了唐朝，由於諡號字數加長到四字以上，用起來不方便，因此多採用「廟號」稱呼皇帝。

周朝時，天子、諸侯、卿大夫及夫人才有得諡資格；漢朝規定只有生前封侯者有得諡資格；唐朝規定職事官三品以上才有得諡資格；一般文人學士或隱士的諡號，則由其親友、門生或故吏所加，稱為私諡，與朝廷頒賜的不同。

諡號一開始只有「美諡」、「平諡」，通常表示後人對先人功績的懷念。「惡諡」源於周厲王的倒行逆施，他死後廣受非議而被諡為「厲」。

從此以後，逐步形成了清晰明確的諡法，儒家學派為了達成將諡法作為以禮教褒貶人物、挽救社會風氣的目的，編寫了《諡法解》一書。該書此後成了後世諡法施行時的重要依據。

## 《名字改變命運》

傳說楚成王死後，他兒子商臣即位。這兒子尚未見到父王遺體，就給他一個「靈」字為謚號。根據《謚法解》的論述：「不勤成名曰靈。」結果，楚成王居然因這個謚號而死不瞑目，雙目一直張開。商臣大感害怕，立刻宣佈改「靈」為「成」，楚成王才安然閉上雙目。

歷史上發生過「奪謚」的事，就是剝奪已頒佈的謚號，以示對死者追加懲罰。明代首輔張居正就是一個典型事例，他死後獲謚「文忠」，但很快就遭到清算，不僅被抄家，謚號也被收回。

清代乾隆年間任《四庫全書》總編輯的著名大學士紀曉嵐，八十二歲時因病去世，當時的嘉慶皇帝賜封謚號為「文達」。這謚號可說「謚副其實」。

至於「私謚」，那是朝廷頒賜之外的另類謚號。民間有些品德高尚而鮮為人知的隱居高人，他的親友、門人為了傳播他的高風亮節，就私下給他起謚號。坐懷不亂的柳下惠死後，妻子和弟子給他定謚為「惠」，就是私謚其中一例。

# 7. 名諱誤事製造笑柄

古時候忌諱很多，對皇上、師長、父母和其他一些尊貴人物的名字，都必須避免提及，這種忌諱稱為名諱，古人非常講究名諱，是中華文化的另一類獨特色彩。

名諱制度大約起源於二千七百多年前的周代，秦漢以後日漸嚴格。秦始皇的父親名子楚，因忌諱其名，於是將楚地改為「荊地」。漢代呂后名雉，文書上都要用野雞代替「雉」字。漢光武帝劉秀，則把「秀才」稱為「茂才」。

五代時的宰相馮道，有一次吩咐一個門客講《道德經》。門客想這是犯諱的，連稱：「不敢說，可不敢說，非常不敢說。」原來《道德經》起首第一句就是：「道可道，非常道。」連犯馮道的名諱三次。

明末有個湖廣巡撫宋一鶴，去參見總督楊嗣昌，因為楊父名鶴，為避諱計，他就在自己未名帖上寫上「宋一鳥」。

司馬遷的父親名談，他在《史記》中改張孟談為張孟同，趙談改為趙同。因宋仁宗名趙禎，同音的「蒸」字不能用，如蒸包子只好說成「炊包子」。

在唐朝，當時用於夜間大小便的夜壺，都叫做虎子，由於唐高祖李淵的祖父叫李虎，當時為避李虎的名諱，虎子於是一律改成馬子。今日的馬桶，就是源於馬子。

杜甫寫詩寫文章，從來沒提到過海棠，原來他母親的名字就

## 《名字改變命運》

名叫海棠。有些用心叵測的人,還用父母的名諱來攻擊別人。例如詩人李賀想要考進士,就有人設置障礙,說李賀不能考進士,因為李賀的父親叫李晉,「晉」與「進」諧音,李賀如果考進士就是犯了其父親的名諱。李賀最終沒有考進士。

宋高宗趙構更嚴格,凡溝、購、夠、垢等 50 多個諧音字都不准使用。魏晉南北朝時期,此種風俗變本加厲,社交時必須彼此了解家諱,不然言談中一旦觸犯,即屬嚴重失禮。

宋朝劉溫叟因父名「嶽」,便終生不遊五嶽名山,不聽絲竹音樂。徐績因父名「石」,所以從來不用石器,不碰石頭,即使過石橋也要人揹。錢良臣的兒子為避諱父諱,凡遇「良臣」二字一律改作「爹爹」,有一次竟將《孟子》中的「古之所謂良臣,今之所謂民賊也」,讀作「古之所謂爹爹,今之所謂民賊也」,結果成為笑柄。

直到清代,名諱舊制如故,絲毫未改,例如康熙皇帝名字叫玄燁,結果導致很多縣市地名中的「玄」字都改成「元」。

# 8.「愚人節」愚人節闖禍

報載臺中一名郭姓婦人，四月一日那天把她新購置的車子停泊在路邊，沒料到當晚被一名酗酒醉駕名叫「愚人節」的男子經過時撞毀，新車面目全非。

她接到警方通知時，最初還以為遇上詐騙集團，或者是被無聊的人戲弄。後來趕到現場，目睹愛車被撞至支離破碎，才相信四月一日愚人節被撞毀是事實，但怎麼會是對方所說的「被愚人節經過時撞毀」呢？她百思不得其解

肇事男子是26歲的廚師，名叫余仁傑，當晚喝了很多酒，自以為還清醒，開車送女友回家，沒想到發生車禍。

警方接報到場處理，問駕車者叫什麼名字，渾身酒氣的余仁傑說叫「愚人節」，警方最初不相信，以為他酒後胡言亂語，要他拿出證件核對。證件上的姓名果然是余仁傑（愚人節）。

郭姓婦人從警方口中得知真相，自認倒霉，說今年這個愚人節收到這樣的愚人節禮物不要也罷！

另據臺灣報紙報導，苗栗後龍鎮有一位名叫林鈴玲的年輕女子，長期以來，也因姓名諧音而引起連番誤會，日常生活上經常為此感到困擾，煩惱不堪。

林鈴玲國語諧音「000」，最常遭遇的煩惱，是被人故意開玩笑，問她弟妹是「00幾」？

現年三十多歲的林鈴玲說，家族中同輩的兄弟姊妹當年全由

## 《名字改變命運》

祖父起名，都很正常，只有她一個人被爺爺起了這麼個怪名字，以致經常產生誤會，或遭取笑。有次到手機公司辦手續，店員問她姓名，她據實回報「林鈴玲」。店員竟說：不要開玩笑了，我不是問妳號碼數字。

　　她說，每次辦事時報上姓名，必定遇到各種不尋常的反應，長期以來無從遏制，自己也感到很無奈。

# 第八章　綽號花名及外號

1. 文化內涵歷史情趣
2. 外星人與雷布斯
3. 超人鯊膽彤飛天基
4. 丹爺俠女房事龍
5. 李老板駱駝九紋龍
6. 四大天王各領風騷
7. 思歪范婦人太空成
8. 奶媽傻強垃圾桶
9. 香港腳空心菜冬瓜菊
10. 武爺教父六百帝
11. 情僧糖僧怪傑奇才
12. 特殊品種龍虎蛇
13. 笑面虎與泥菩薩
14. 綽號雅號反映形態
15. 文人詩詞成為綽號
16. 蘇軾相思淚流一年
17. 章瘋子與老佛爺

# 第八章
# 綽號花名及外號

秀才軍閥吳佩孚是第一個登上美國《時代》雜誌封面的中國人，被《時代》稱為「Biggest man in China」。

# 1. 文化內涵歷史情趣

著名武俠作家古龍曾說過：「一個人的名字會取錯，可是綽號不會取錯。」事實確是如此，綽號寥寥幾個字道出一個公認的特徵，神來之筆往往一語中的，令人拍案稱絕。

綽號又叫花名、外號、諢號，通常是根據其人的生理特徵、行事作風，或者性格特點、事業成就等因素給予的非正式名字。綽號一詞據說最早出現於元朝，是受蒙古語影響而產生的詞彙，意即名字之外的「別號」。

綽號蘊含豐富的文化內涵和歷史情趣。綽號有自己所起和他人配加兩種形式，自己所起，通常褒多於貶；若是他人配加，嬉笑怒罵和詼諧幽默，兼容並蓄。古往今來，許多名人都有一個妙趣的綽號，形形色色的綽號突顯了這些名人的人文情懷和更富個性化的特徵。

糞便本是污物，自己選作諢號，用以署名顯然不雅。偏偏就有人這麼做，而且這個人還是成就卓著的現代藝術名家，如此公開自貶，可算千古之下第一人。

為人清高孤傲的著名金石書法家鄧散木，書法篆刻藝術備受世人推崇，有「南鄧北齊（白石）」之譽。他的草書甚至被著名學者金松岑稱為「近百年來獨步」。正是這位被人形容為「畸人畸行作畸字，矢溺有道其廢莊」的藝術名家，竟然反其道而行，為自己起了一個自貶無褒、別人絕不會效仿的綽號—「糞翁」。

214

《名字改變命運》

　　不僅如此，他的古怪行為還包括：將自己在上海的居所改稱為「廁間樓」；在舉辦個人書法篆刻作品展覽時，甚至以廁所常用的手紙為請柬。報上刊登他舉辦作品展覽消息，乾脆就寫「看糞展」、「嚐糞一勺」。五十多年前，鄧散木因血管堵塞，截去了左下肢，但他並未因此灰心沮喪，反而樂觀面對，為自己起了個「一足叟」的綽號，以示自己雖然只有一隻腳，但已足夠。

　　早年曾是秀才的軍閥吳佩孚，因反對地方豪紳被縣官通緝，逃到北京算命為生。其後時來運到，變成統率千軍、實力最雄厚的軍閥之一，並擔任直系軍閥的首領，官至直魯豫巡閱。他的兩個綽號「吳小鬼」、「吳大帥」曾廣為流傳。這位秀才將軍是第一個登上美國《時代》雜誌封面的中國人，被《時代》稱為「Biggest man in China」。

# 2. 外星人與雷布斯

　　根據美國著名財經雜誌《福布斯》最新公佈的全球富豪排行榜顯示，中國大陸淨資產超過 10 億美元的億萬富豪達到創記錄的 251 位。美國富豪人數仍為世界第一，有 540 人淨資產超過 10 億美元。大中華區富豪總數世界第二，共有 300 多位富豪淨資產超過 10 億美元，其中中國大陸佔 251 人，香港 69 人，台灣 25 人。

　　中國大陸的華人超級富豪之中，有不少是科技界憑藉個人實力白手興家的後起之秀，他們都各有一個或多個反映了其人性格特質或行事風格、令人拍案叫絕的綽號。

　　以馬雲為例，他自己起的綽號是「風清揚」，不過外界認為比較貼切的是「外星人」這個綽號。很多人都說：「馬雲外貌像外星人，做事方式也和別人不一樣。」金庸曾送馬雲別號「馬天行」，意指天馬行雲但從不踏空。

　　癡迷金庸武俠小說的馬雲，把他公司阿里巴巴內部一些地方都冠上了金庸小說中武林聖地的名稱：馬雲自己的辦公室叫「桃花島」，會議室叫「光明頂」，洗手間叫「聽雨軒」。馬雲辦公室裡更擺放了不少武俠刀劍。這些刀劍他經常隨身攜帶，去哪兒辦公就搬到哪兒。有時，他還會拿著明亮的刀劍在公司裡晃蕩。

　　小米創始人雷軍，對於外界贈予的「雷布斯」綽號，感到極度委屈。他說：「就是那次發佈會之後，我就變成了雷布斯。實際上夏天大家都是牛仔褲、T 恤那麼穿的。」他聲稱自己並非刻意

在穿衣方面仿效蘋果的喬布斯。

雷軍認為，「雷布斯」這個綽號是在罵他。「我其實不怎麼喜歡別人這樣叫我。因為大家這麼講的時候，都是在罵我。你看這個人，連衣服都模仿喬布斯⋯⋯這對我們進入國際市場有負面影響。因為大家會覺得，你雷軍是蘋果的模仿者。」

雷軍說：「18歲時，我也許會想成為喬布斯第二，但是我四十幾歲的時候，內心這麼強大的人，我會願意成為誰誰誰第二嗎？」雷軍強調：「我覺得喬布斯是沒辦法模仿的。喬布斯是世界級的天才。你去模仿一個天才，實際上你就是一個蠢材，因為沒辦法模仿。但是這不妨礙雷軍有雷軍的精彩，雷軍有雷軍做得不錯的地方，這就是我。」

# 3. 超人鯊膽彤飛天基

美國《福布斯》公佈的香港最新富豪榜，年近 88 歲高齡的李嘉誠，以 335 億美元淨值資產，連續 18 年高踞首富位置，其次是同齡的李兆基，淨值資產 250 億美元。排列第三位的鄭裕彤，生前淨值資產 150 億美元。

李嘉誠有「李超人」、「李加乘」、「李十义」、「禰加成」等多個綽號。近年被一些對他營商手法懷有怨言的網民惡搞，增加了一個「李氏力場」的稱號譏諷他。

李兆基綽號「四叔」，2009 年的天匯事件令他變成城中熱話。事緣他名下的恆基推出的豪宅天匯，樓高只有 46 層，居然一夜間由廣告變出了頂層 88 樓的怪事。原來是他自製斷層，住宅樓層由 8 樓開始，沒有 13、14、24、34 等「不吉利」數字的樓層。升降機由 39 樓向上升一層後，竟然是 60 樓，中間的 21 層都消失了。

60 樓以上的 61、63、66、68 和 88 樓，實際上只是天匯的第 37 層至第 46 層。李兆基另一綽號「飛天基」就是由此而來。

不久前去世的香港第三位富豪人物鄭裕彤，金鋪學徒出身，從來不忌諱別人說他「撈偏門」，生意橫跨珠寶、地產和賭業。他在商業投資上一向以膽量大、敢冒險著稱，因此別人送他「鯊膽彤」的綽號。

他的大膽冒險性格，於 2003 年招致 45 歲的神秘女子溫瑞芬詐騙 2 億 5 千萬元人民幣巨款。自稱商人的溫瑞芬訛稱擁有微軟在中

《名字改變命運》

國和東南亞地區的商業軟件框架合作權，獲鄭裕彤授權在北京註
冊成立新世界軟件有限公司，開發 MBF 項目。溫瑞芬並獲委為新
世界軟件的董事長兼行政總裁。溫瑞芬後來在北京被捕，被判處
無期徒刑。

在香港富豪榜排名第六位的劉鑾雄，有「大劉」、「股壇狙
擊手」、「女星狙擊手」的稱號，他最受矚目的是與女藝人的關
係，曾先後與港姐李嘉欣、關之琳、袁潔瑩、洪欣等女星出雙入
對。近年關係密切的，則是為他懷孕誕下女兒盈盈的呂麗君，以
及為他誕下另一女兒的前娛樂記者陳凱韻（甘比）。女友之多，
無出其右。身形魁梧的「大劉」，健康似已大不如前，最近有人
在他經常光顧的酒樓門口，發現他手拿拐杖，由女友協助坐上輪
椅，看起來很虛弱。

# 4. 丹爺俠女房事龍

　　據統計，目前活躍於影視歌壇的香港藝人，為數大約五百。名氣較響的大約二百人左右，以動作片為主的，成龍是其中之一。

　　成龍原名陳港生，族名房仕龍，因而被網民調侃，起了一個「房事龍」的花名。成龍是繼「功夫皇帝」李小龍之後打入世界影壇的香港動作片明星。（李小龍當年的武術片風靡全球，英語詞典第一次出現了「功夫」的英文字樣，外國人第一次從他的影片《唐山大兄》和《精武門》直接認識中國武術。李小龍可說是一個不朽的傳奇。）

　　近年是非層出不窮、有「大哥」之稱的成龍，被網民贈予的綽號還有「成蟲」、「淫蟲」。

　　香港另一位動作片明星甄子丹，早年曾參與電視劇演出，在亞視的《精武門》一劇飾演陳真一角，給觀眾留下了深刻印象。此後他重返電影圈發展，憑《葉問》一片聲名大噪，更被戲稱為「宇宙最強」。傳聞這位已入美國籍的武林好漢為人傲慢，常常與其他武打演員不和，而為網民所非議。除了「宇宙最強」，他的綽號還有「真子彈」、「丹爺」、「蒸雞蛋」、「宇宙丹」、「葉問」。

　　綽號「功夫女郎」的楊紫瓊一向以「打女」形象深入人心，直到她父親去世，很多人才知道這個以拳腳打拚娛樂圈的邦女郎竟是馬來西亞拿督的女兒。楊紫瓊家勢顯赫，出身豪門，父親曾

擔任大馬多個團體的要職，活躍於霹州，是馬華的黨元老之一。

　　楊紫瓊最早也是選美出身，榮獲 1983 年「馬來西亞小姐」稱號，比賽後她認識了香港富豪潘迪生，兩人婚後三年離婚。其後五段情，情路坎坷。「功夫女郎」之外，「俠女」、「打女」、「女俠士」、「亞洲邦女郎」都是她的綽號。

# 5. 李老板駱駝九紋龍

香港影壇以動作片為主的影星，除了上述的「丹爺、俠女、房事龍」，名氣較響的還有「李老板」李連杰，以及具黑道背景而被行家冠以花名「駱駝」、「九紋龍」的陳惠敏。

八十年代六奪全國武術冠軍的李連杰，成名後定居香港，加入娛樂圈拍電影，在風靡大江南北的影片《少林寺》中主演覺遠和尚，十八般武藝樣樣皆精，武術精湛，揮灑飄逸，行雲流水，一氣呵成，被譽為當代黃飛鴻。他除了「武術之星」、「功夫皇帝」這兩個綽號，還經常被人叫做「李老板」。據說，這個綽號是在拍攝《方世玉1》的時候，胡慧中起取的。當時李連杰拍戲常遲到，胡慧中就拿「李老板」這個稱呼來譏諷他。後來很多人都跟著這麼叫他，逐漸也就成了習慣。

具有黑道背景的武打影星陳惠敏，1983年參加「世界精英搏擊大賽」，以39歲高齡僅用35秒便擊倒日本籍職業拳手森崎豪。早年曾經與日本女星新籐惠美和宮井蓮娜傳過緋聞的陳惠敏，當時以一記腰馬合一、拼盡全身狠勁揮出的右直拳，打到大阪拳王森崎豪倒地，引起巨大的震撼。因而坊間有這麼一句話：「腳有李小龍，拳有陳惠敏。」

同年舉行的「第2屆香港電影金像獎」，他因主演《殺入愛情街》而獲提名「最佳男主角」。他演出的多部黑幫武打題材影片曾在內地上映，國內很多觀眾都熟知陳惠敏其人身手敏捷。

《名字改變命運》


　　陳惠敏年輕時練習譚家三展拳，後期主要練習西洋拳，背部有龍紋身，兩臂紋了左青龍右白虎，胸前紋雙鷹，因而得到「九紋龍」的綽號，他另外一個較少人知的綽號是「駱駝」。

　　武打影星之外，香港藝壇四大天王的暱稱或綽號，背後也有不為一般「粉絲」所知的精彩故事，既有讚美賞識，更有戲謔嘲諷。

　　四大天王原是佛教中的護法神將，俗稱「四大金剛」，各地佛寺多設有「四天王殿」，鎮守清淨伽藍。香港藝壇四大天王，是指九十年代大受歡迎的四位男歌手：張學友、劉德華、黎明、郭富城。四人在音樂、影視、舞蹈、商業、慈善等多個領域成就傑出，在海內外的華人社會具有廣泛影響力和知名度。且閱下篇細述。

# 6. 四大天王各領風騷

素有「勁歌天王」之稱的張學友，1961年7月10日出生於香港，是四大天王中最具唱功的一位，成熟穩重，在華語地區享有「歌神」的美譽。此外，他還有「學友仔」、「細Jack」。

90年代中期是張學友的事業巔峰期，據IFPI國際唱片協會統計，他於1995年的唱片銷量僅次於當時的美國名牌歌手米高傑克遜，當時排名世界第二。

「魅力天王」劉德華，1961年9月27日出生於香港，是四大天王中成名最早的一個，人氣魅力十足，縱橫影視歌三大領域，被譽為華語娛樂圈的「常春樹」。他的綽號還有「華哥」、「華仔」、「華Dee」、「劉華」、「華神」、「楊過」。

在大眾心目中，劉德華是成功藝人的完美典範，他辛勤的工作精神，讓同行和媒體都讚嘆不已；他曾數度榮獲金像獎影帝和金馬獎影帝殊榮。《健力士世界記錄》曾將他列入獲獎最多的香港歌手。

被譽為「熱舞天王」的郭富城，1965年10月26日出生於香港，身兼歌手、演員、舞蹈總監，也是華語歌壇的勁歌熱舞代表人物之一。由來已久的綽號包括：「城城」、「舞王」、「割褲城」、「著褲城」、「國貨城」。

在華人演藝圈中，郭富城是少見的歌、舞、影、視多棲全能藝人，先後蟬聯兩屆台灣電影金馬獎影帝，並榮獲國際傑出藝人

獎;450 度旋轉舞台健力士世界記錄創造者,美國兩度舉辦「郭富城日」,此外又享有日本頒發的「亞洲舞王」美譽。

「玉面天王」黎明,1966 年 12 月 11 日生於北京,身兼歌手、演員、公司老闆、慈善事業工作者、導演。1985 年暑假,還在英國讀書的黎明因病回香港休養,偶然被星探發現;同年黎明參加碧泉新星大賽,獲得冠軍,從此進入藝壇,改寫了個人歷史。最為人所知的綽號有「天矇光」、「黎老闆」、「黎天王」、「老黎」、「黎老明」、「金句王」、「明福俠」、「千杯不醉」、「黎公子」。

黎明被傳曾與舒淇相戀六年,但最終兩人因舒淇拍三級片的往事而在黎父壓力下分手,但黎明本人否認有過這段戀情。其後黎明與模特兒樂基兒相戀,於 2009 年 8 月被傳媒揭露兩人已婚。翌年 10 月,黎明透過其公司宣佈與樂基兒離婚。

# 7. 思歪范嬸人太空成

在香港當今政壇上，若以綽號數量排名，居首席者非簡稱CY的前任特首梁振英莫屬。他最為人熟悉的代號是「689」（他於2012年3月在1200人的選委會以689票勝出，成為行政長官）。綜合網上的資料顯示，網民贈予的綽號包括：屍歪、狼英、狼振英、狼震英、狼震鷹、娘襯嬰、娘震嬰、大話英、大砲英、橙葉測量師、香港石敬瑭、香港吳三桂、行騙長官、自由行之父、鬼王托世、人渣英、一男子、梁澤東、狼狗英、梁中英、洋蔥圈、梁振中、梁萬四、梁書記、錄拍狗、梁匪振英、死亡之口、加籮英、AV英、梁特權、梁濫權、諸葛梁、港獨之父、粗口之父。

接替有「變色龍」、「舊電池」、「香港江青」、「范徐轉軟」和「范嬸人」之稱的范徐麗泰，出任立法會主席的曾鈺成，其綽號「太空成」在二十多年前一度街知巷聞。當年他任民建聯主席，被揭在1990年初與妻女申請移民加拿大，當時正是六四事件發生不久，也是他組黨呼籲港人留港建港之時。「太空成」花名於此產生。身在加拿大的曾妻於2007年與他離婚，當了十多年太空人的曾鈺成兩年後再婚。網民替他起的綽號還有：憎肉成、人頭鼠、親六成、老鼠成、真慾成。

中大英文系畢業的朱凱廸，在上屆立法會區選中以84,121票當選，成為地區直選的「票王」。他當選後被戰友喻為「巴基之星」（一四出生於德國，在香港出賽的馬匹，初段慣性緩慢，但

## 《名字改變命運》

後勁凌勵）。朱凱廸競選時因為提出「官商鄉黑勾結」的議題，觸怒新界某些權勢人物，導致自己和家人受到死亡恫嚇；有人以他身形瘦削而直呼他「排骨仔」。

曾任學聯秘書長的立法會史上最年輕男議員、年僅二十三歲的羅冠聰，有「電競聰」和「羅三七」兩個綽號。在旺角示範滅鼠而被蔑稱為「鼠王芬」的梁美芬，被網民封為「滅鼠女神」、「滅鼠大隊長」。

綽號「政壇元秋」的蔣麗芸（元秋是香港諧星，擅演潑婦）在標榜溫和的保守建制派中形象突出。其是實業家蔣震次女，自從成功躋身立法會後，經常高聲發言，聲如洪鐘的特徵恰似電影中以「獅吼功」見稱的包租婆一角，因而被稱為「元秋」。

剛踏足立法會的年輕議員鄺俊宇，創作的散文集曾賣斷市。他喜歡在文句之間加入大量逗號，被網民笑稱「逗號先生」，又戲稱其文體為「鄺體」。

「鐵頭仁」何俊仁、「民主秦始皇」馮檢基、「何EE」何秀蘭、「癲狗」黃毓民、「亡國興」王國興和經常錯用成語的「藕根」鍾樹根，都在上次選舉中出局；「藕根」的寶座由誤解北極有企鵝的黨友「北極企鵝」張國鈞取代。有「橡筋褲」、「石狗公」之稱的鄭家富上次再參選，與徒弟「咖喱飯」范國威爭票，結果雙雙落選。「長毛」梁國雄仍以一頭披肩長髮的招牌形象，勝出連任。英國傳媒慣以「Longhair」稱呼他。

# 8. 奶媽傻強垃圾桶

　　香港特區上屆政府三司十一局的首長，幾乎每一位都有至少一個綽號，都是市民透過網上或傳媒公諸於世，形象生動，妙趣兼備。

　　林鄭月娥當年出任政務司司長後，因梁振英政府施政屢受爭議，她被指經常以「奶媽」姿態替其他新任高官善後。林鄭月娥除了「高官奶媽」、「虎媽」的綽號、還有「好打得」、「吹水娥」的花名。

　　接替「雪糕仔」（父親曾在街頭推車仔賣雪糕）、「皇仁之龍」（皇仁書院舊生）黃仁龍出任律政司司長的袁國強，廣東省政協委員，因而被冠上「強國猿」的綽號。他是梁團隊內唯一獨身的問責高官，被喻為「鑽石王老五」。但 2013 年 12 月，他被揭露原來在 90 年代初曾與一女子成婚，還設宴款待親友，兩人以夫婦相稱，共同生活，幾年後分開。二人沒有正式註冊。律政司發言人證實，袁國強曾在多年前與一名女士舉行「婚宴」，但沒有在香港或其他地方正式註冊結婚。

　　上屆財政司司長曾俊華常被批評「估錯數」，又因香港每年擁有龐大盈餘卻不還富於民，被譏為「守財奴」，身為地產大亨的梁粉甚至指責他過份節制政府開支是「大罪人」。他的綽號還有「鬍鬚曾」、「實習財爺」、「四千蚊財爺」、「習握手」。

　　上屆教育局局長吳克儉曾因強推德育及國民教育科引起市民

## 《名字改變命運》

和家長強勁反彈，及後風波持續，吳克儉無力處理，最後由「高官奶媽」出手相助。吳克儉被譏為「裙腳仔」、「洗腦局長」、「吳得掂」、「吳克賤」、「吳狗官」。他的商界背景被評為不適合出任教育局局長，自上任以來就不斷被大眾市民要求下台。

陳茂波 2012 年在出任發展局局長之後第 2 天，報紙揭發他曾透過自任董事的一家公司購入一批單位作「劏房」出租牟利，涉嫌違反《建築物條例》。其妻子許步明後來又被揭發合謀隱瞞買賣一個住宅單位近六成樓價，少交數十萬元利得稅。有關事件引起網民熱議，陳茂波事後龜縮，一直不作回應。他在 7 日後深夜發表聲明，承認知道其事。他被網民譏為「陳謬波」、「劏房局長」、「破產局長」、「劏房波」、「醉駕波」、「囤地波」。

民政事務局局長劉江華的綽號有「垃圾桶」、「哨牙仔」、「三姓家奴」、「流肛華」。「垃圾桶」源於他當年競選立法會議席時推出一款以「香港要贏」為題的宣傳海報，被網民惡搞，海報中的劉江華被街頭橙色垃圾桶遮蓋，只露出他雙眼，儼如炸彈人。自此之後，垃圾桶便成為不少網民對劉江華戲稱的綽號。

上屆財經事務及庫務局局長陳家強，有次到立法會出席有關雷曼迷債的聆訊，有議員問他：「什麼時候知道有迷你債券這種投資產品？」堂堂主管財經事務的局長當時竟然說，他是在雷曼「爆煲」之後，才第一次知道這個世界有迷你債券。這句話令在場議員哄堂大笑，「傻強」的花名從此街知巷聞。他自知失言，事後一再解釋「補鑊」。

# 9. 香港腳空心菜冬瓜葫

　　放眼觀望兩岸三地政壇，政治舞台上的活躍人物，很多都有一個或多個絕妙的綽號。綽號廣為流傳之後，很多人甚至可能只記得綽號，已經忘記其人的本名。

　　台灣的馬英九有個綽號叫「小馬哥」，看似很普通，但叫起來親切，人們叫著「小馬哥」，無形之間就加深了對他的親近。馬英九還有「不沾鍋」、「馬更正」、「馬鐵人」、「便當王」等四個綽號。「不沾鍋」形容他政治上清廉。其他三個綽號形容他做事一絲不苟，工作時廢寢忘餐，生活簡樸；另一方面，他也有個「香港腳」的綽號，指他對出生地香港帶有難捨難分的情意結，念念不忘。

　　台灣當今紅人蔡英文，至今共有四個綽號。以前被她認定是民進黨的清純玉女，因有人給她起了個「小龍女」的綽號。後來發現蔡英文雖為民進黨主席，但心中並無明確的大政方針，認為她的政策「空心」，便叫她「空心菜」。蔡英文還因脾氣大、喜歡罵人，常對媒體發火，而被人送了個「武則天」的綽號。她還有個綽號叫「暴力小英」，因為她有次出席活動，情緒激動，行為偏頗過火。國民黨人便給她起了這麼一個綽號。

　　一度被稱為民進黨「四大天王」之一的蘇貞昌，禿頭，頂上無髮，光亮可鑑，有人給他起了個「電火球」的綽號，就是電燈泡的意思。蘇貞昌似乎頗受落這個譏笑的綽號，而且非常喜歡。

## 《名字改變命運》

他在競選台北縣長時，竟然還拿了一個電燈泡作吉祥物。這一做法看似滑稽，其實正是他的高明之處，在競選中發揮了吸引選民注意的效應。

民進黨另一位元老級人物陳菊，19 歲就擔任省議員的秘書。在政界打拼長達三十多年，入過獄，受過各種各樣的痛苦打擊，但始終屹立不倒，活躍政壇，友人都叫她「壓不死的台灣菊」。

2006 年她參加高雄市長競選時，國民黨的代表以她體形肥胖似冬瓜，曾給她起了一個「冬瓜菊」的綽號。當時，民進黨人認為這個綽號帶有人身攻擊的成份，要國民黨方面公開道歉。陳菊一直單身。她說，她已經嫁給台灣了。在愛情生活中，她仍是一片空白。人們又送給她一個「愛情絕緣體」的綽號。

# 10. 武爺教父六百帝

中國內地很多官員因貪腐失職或違紀違法而被撤職檢控，在落馬之前原來都有外界不知情的綽號。這些外號通常都是民眾配加，貶多於褒，嬉笑怒罵和詼諧幽默兼而俱備，往往妙趣橫生。

網上廣泛流傳，原中央政治局委員、重慶市委書記薄熙來，曾有「薄熙草」的綽號。據說，大連有三寶：足球、服裝節和薄熙草。「薄熙草」即指薄熙來，他主政大連期間，對種草和城市綠化情有獨鍾，且他簽名時，草書「來」字看來很像「草」字。

廣州市委原書記萬慶良在任上被帶走之前，他的仕途可謂一帆風順，行事高調，也因此得到了「廣州官場最佳男主角」的綽號。萬慶良又因為租住 130 平方公尺的豪宅、月租僅交 600 元，被網友戲稱為「六百帝」。

四川省委原副書記李春城，市民稱為「李拆城」。李春城是十八大後第一個落馬的省部級官員。剛當選為中央候補委員，僅僅一個月便被官媒新華社正式發佈其落馬消息。李春城因大力推進拆遷而被坊間稱為「李拆城」，其在成都主政期間曾因拆遷爭議釀成唐福珍「自焚」的悲劇。

雲南省原副省長沈培平，曾被揭露在群體性事件中私自「調動警力」，又因大拆大建並在平時仿效日本語氣說話，被老百姓稱為「拆遷大佐」。主政騰衝縣時，沈培平大力開發礦產資源，那時民間已經開始反映他「專橫霸道」。「沈礦長」的綽號也是

## 《名字改變命運》

從那時候叫起來的。

南京市原市長季建業，被當地市民稱為「季挖挖」、「滿城挖」、「推土機市長」。在他主政南京的幾年內，滿城開挖。其間，還因大量砍伐梧桐樹引發民怨，釀成風波，又被稱為「砍樹市長」。

安徽省政協原副主席韓先聰，人所共知的綽號是「韓大嘴」與「韓大鎚」。韓先聰是中央巡視組巡視安徽後落馬的首個「大老虎」。他在安慶市委書記任上長期掌舵，但在安慶人看來，韓先聰只知高談闊論，放空炮卻不實幹，其「韓大嘴」的綽號由此而來。他調任滁州後，推出「大滁城」規劃，通過拆遷、實施大工程等，將城市面積擴充了一倍多，得到「韓大鎚」的新綽號。

根據媒體揭露，天津市公安局原局長武長順，長期有個「武爺」的外號。「武爺」充滿霸氣，江湖味十足。這位「武爺」的霸氣和黑道感，據說五花八門，涵蓋了工作作風、生活方式、為人處事及貪腐特點。

江西萍鄉政協原主席賀維林，雖然官職級別不高，但「教父」的綽號卻極具震撼力。賀維林位居萍鄉官場42年，在當地實力雄厚，橫行一方，以至被當地民眾稱為官場「教父」。媒體報導，有一年他為父親慶賀80歲大壽，前來賀壽的地方官員眾多，僅車隊就在其老家公路上綿延幾公里。

# 11. 情僧糖僧怪傑奇才

在日本橫濱出生的中日混血和尚蘇曼殊，名字之多堪稱一時無兩。他原名戩，字子谷，學名元瑛、玄瑛，法名博經，法號曼殊，筆名印禪、蘇湜。名字之外，綽號也多。蘇曼殊多才多藝，通曉漢語、英語、日語、法語和梵文，又擅長文學、書法、繪畫和翻譯，可謂清末民初一位非常特殊的人物。

這位原籍廣東香山的和尚，雖是出家人，卻不守佛門清規，酒肉女色無所不好，因而被人稱作「怪僧」、「浪漫和尚」。

他詩寫得出色，留下了許多令人歎絕的詩篇，於是得了「詩僧」、「詩和尚」的綽號。又因他繪畫傑出，格調不凡、意境深邃，馳譽畫壇，被稱為「畫僧」、「畫和尚」。

他雖然出家為僧，但密切關心時局，先後參加過興中會、光復會等政治組織的活動，與孫中山、宋教仁、陳獨秀等人頻繁交往。後人因而稱他為「政治僧侶」、「革命和尚」。

蘇曼殊還因好色而得了「一代情僧」的綽號。傳說他在東京的馬路上，看到一位漂亮的藝伎正在乘搭電車，他急忙跑過去追趕，因跑得太快，摔倒在地，磕掉了兩顆門牙。朋友因此譏笑他是「無齒之徒」。他經常出入妓院，原來進妓院只是孤坐，很少跟妓女說話，而且還具潔癖，不許妓女碰他的衣服。遇到妓女向他傾訴坎坷身世，他總是毫不吝惜地將身上財物傾囊相贈。

蘇曼殊還有個「糖僧」的綽號。這是因為他特別喜歡吃糖，

吃甜食。有一次他又想吃，卻沒錢購買，他竟將自己的金牙敲下來，換錢去買。著名的小說家包天笑曾寫過這樣一首詩來調侃蘇曼殊：「松糖桔餅又玫瑰，甜蜜香酥笑口開；想是大師心裡苦，要從苦處得甘來。」

蘇曼殊常常一人獨坐無人處，歌哭無常。看人時目光呆滯直視，數分鐘不動。他出家後開始翻譯拜倫的《哀希臘》，全書譯畢，他泛舟湖上再讀，時而大聲歌唱，時而嚎啕大哭。船夫以為他神經病發作，嚇得丟下船跑了。「蘇神經」的綽號就此而來。

蘇曼殊是一位「怪傑」，也是一位「奇才」。這位知識淵博的學者除譯過雨果的《悲慘世界》外，還譯過《拜倫詩選》和印度小說《娑羅海濱遁跡記》，又編撰過《梵文典》、《初步梵文典》、《梵書摩多體文》、《埃及古教考》、《漢英辭典》、《英漢辭典》、《粵英辭典》等多種專著，不幸均已失傳。據統計，蘇曼殊在短短的十五年時間，著述共達三十種以上，算得上是一個多產的作家了。

可惜這位「蘇奇才」年僅35歲便因腸胃病離開人世，死後葬在西湖孤山。郁達夫、劉半農等名人都說他是創中國20年代知名度最高的人物；曾任孫中山秘書的柳亞子說他「不可無一，不可有二」。以綽號之多而論，其實這句評語同樣適用。

# 12. 特殊品種龍虎蛇

友人茶聚，閒聊中笑談他公司一批特殊品種的龍虎蛇。有位同事喜借貸，公司上下幾乎所有人都被他借過錢，成為他的債主。此人只借不還，所謂「舊債未還，新債免問」，在公司內已經借無可借，只好向外面朋友和以前的校友打主意。同事為他起了一個唯妙唯肖的綽號「汲水龍」。

另一位一天到晚煙不離手的同事，雖然喜歡抽煙，但只抽不買，看到有人拿出煙包掏煙，他便跑過去伸手討取一支，長此以往，同事都叫他「白食虎」——專門吃人。

至於在特殊品種中排第三位的蛇，是一位善於卸責、吹牛、躲懶的同事，眾人為他起了個恰如其份的綽號——「兩腳蛇」。

以白話文寫成的中國古典名著、章回小說《水滸傳》，書中部份落草為寇的好漢，單是以龍、虎、蛇為綽號的，就有入雲龍公孫勝、九紋龍史進、混江龍李俊、出林龍鄒淵、獨角龍鄒潤、插翅虎雷橫、錦毛虎燕順、矮腳虎王英、跳澗虎陳達、花項虎龔旺、中箭虎丁得孫、病大蟲（老虎俗稱大蟲）薛永、金眼彪（小虎）施恩、青面虎李雲、母大蟲（雌虎）顧大嫂、笑面虎朱富、兩頭蛇解珍、白花蛇楊春。

《水滸傳》一百零八個好漢，其實全部各有綽號。第七十一回「忠義堂石碣受天文，梁山泊英雄排座次」集中展現了他們名字之外的綽號。

## 《名字改變命運》

　　這些綽號雖然林林總總，大體上可以分為幾大類：一是以動物名稱命名；二是以人物形體之特徵命名；三是以人物使用的兵器命名；四是以神怪星宿命名；五是以人物性格命名；六是以人物職業或技能命名；七是以古人來命名。這些綽號都和他們自身的特點或本領有關，帶有濃厚的江湖色彩。

　　其中三十多人的綽號直接與各種各樣的大小走獸飛禽有關，大至龍、虎、豹、鵰，小至猿、犬、蛇，都用上了。

　　人固然有綽號，很多著名的大學也有令人會心微笑的別號。以美國為例，很多名校都因由來已久的鮮明個性而獲得各自的諢號：畢業生之中先後共有8人當選為美國總統的哈佛大學，一向被人戲稱「總統、政客預科班」；麻省理工學院則被稱為「瘋子天才集中營」；伊利諾伊大學香檳分校的諢號是「印度人與華人文憑印刷廠」。

　　紐約的哥倫比亞大學因偶像劇《緋聞女孩》很多重頭戲都在校內取景拍攝而被戲稱為「緋聞大本營」。事實上，戲中不少演員都是哥大學生，或在拍攝過程中培養了深厚感情，在拍攝完畢後由各自的大學轉校，入讀該大學。

# 13. 笑面虎與泥菩薩

上文談到章回小說《水滸傳》書中落草為寇的好漢，有一人綽號「笑面虎」。近代軍閥中，也有一個綽號「笑面虎」的將軍孫傳芳。這些軍閥不僅留下了他們的功績或罪惡，也留下了不少令人欷歔感慨或忍俊不禁的綽號，流傳至今。

孫傳芳表面上總是笑容可掬，實際上卻是笑裡藏刀，心狠手辣。這個名符其實的「笑面虎」，1925年與奉軍打仗時，俘虜了對方的總指揮施從濱。施當時已70歲高齡，被俘時，施從濱身穿陸軍上將銜，按慣例應受不殺「優待」。

見到孫傳芳後，施從濱還恭恭敬敬行了軍禮，孫傳芳滿臉笑容地握著施從濱的手說：「施老，你好啊，你不是已接受了上面任命，來當安徽督辦的嗎？那就趕快走馬上任吧。」施從濱信以為真，立刻整裝出發。不料還沒到達車站，就被孫傳芳派來的人槍殺，慘死亂槍之下，還在蚌埠車站曝屍三日，又在濟南城門懸首七日。

同期另一軍閥段祺瑞，有個綽號叫「歪鼻將軍」。這是因為他在大怒之下鼻子會向左歪，要經過按摩才能逐漸矯正過來。據傳，段祺瑞有四次在盛怒之下氣歪了鼻子：一次是袁世凱堅決反對他推薦的心腹任國務院秘書；另一次是他的得意門生在天津被殺害；第三次是他得知自己的三姨太與兒子有染；還有一次是他帶著《對德參戰提交國會案》要黎元洪蓋章，黎不但不願意蓋，

《名字改變命運》

而且刻意怠慢。

　　同時代另一個軍閥黎元洪，相貌雍容富貴、面目慈善，時人稱他為「黎菩薩」。在湖北口音中「黎」和「泥」恰是同音，黎元洪因而充滿調侃意味、卻道出一個公認特徵的「泥菩薩」。

　　民初的軍閥真是無奇不有，馮國璋是另一奇。其有一個「糊塗將軍」的綽號。有一件事可說明這位將軍到底如何糊塗。

　　袁世凱為了徹底控制他，將自己的家庭教師許配給他為妾。馮國璋與這位漂亮的女教師結合後，料不到自己此後的一言一行都被這位枕邊人密報袁世凱。馮國璋一直到離開人世，還矇在鼓裡，不知道自己日常生活言行，巨細無遺都在袁世凱的掌握中。

-

# 14. 綽號雅號反映形態

　　人的形貌體態，甚至生理病癥，往往成為取名的根由。翻閱史籍，以形態取名，通常多用於綽號、花名，較少用於本名。

　　趙飛燕原名宜主，當年以其體態輕盈、舞姿妙曼、姣捷如燕而受漢成帝長期寵幸，冊封為第二任皇后，榮獲「飛燕」雅號。

　　武則天也是如此。她以美艷的容貌大受唐太宗李世民垂青，賜號「武媚」，後人稱之為「媚娘」、「武媚娘」。

　　特殊的姓氏固然令人印象難忘，有時候往往給他人提供了開玩笑或惡作劇的方便。報載台灣有位姓招的公務員，從小學到大學，常常被同學起綽號。叫他「招財進寶」、「招財貓」，尚可接受，不會介意，但背後叫他「招魂」、「招狼入室」，就大感難受了。

　　三國時代著名詩人、竹林七賢之一阮籍，才能出眾，稟性孝順，嗜酒且喜好老莊之學，但任性不羈，傲然自得，眼目收放自如，能隨時顯露青眼、白眼對待不同的人。他心情大悅時，兩眼正視，露出虹膜，顯露青眼。見到厭惡的人則雙目斜視，露出白眼。因此，阮籍在史上有「青白眼」的綽號。

　　《晉書．阮籍傳》的記載這樣說：「籍又能為青白眼，見禮俗之士，以白眼對之。」

　　阮籍常用青眼和白眼看人，見到拘泥於禮俗的人，就用白眼對待。母親去世時，阮籍因為太悲傷，有兩次喝完酒後，放聲大

哭，吐了幾升血。嵇喜親自到來慰問他，阮籍卻用白眼對他，嵇喜不悅，搖頭離開。

嵇喜的弟弟嵇康聽說後，就捧著酒帶著琴去拜訪他，阮籍非常高興，用青眼對待。因此《晉書．阮籍傳》有「籍大悅，乃見青眼」的記載。青白眼的典故由此而來。

白眼也作眼白，表示輕蔑、看不起。唐朝杜甫《丹青引贈曹霸將軍》說：「途窮返遭俗眼白，世上未有如公貧。」

青，黑色的意思，古人稱黑眼珠為「青眼」。正眼看人時眼珠在中間，青眼就是指眼睛的正常狀態。青眼與白眼是相對的，青眼是表示對人的喜愛或器重。現在常用的青睞、青目、青眼、垂青等都是由此而來。

青白眼既是看人的姿態，也是心態，表現出對人的尊敬或輕視這兩種截然不同的態度。

# 15. 文人詩詞成爲綽號

　　歷史上有不少文人雅士，曾因他們的詩詞佳句廣受傳誦而被冠上典雅的綽號，自此流傳後世。這是他們當初執筆構思時始料不及的意外收穫。文學史上的「謝蝴蝶」、「鮑孤雁」、「張孤雁」、「張春水」、「賀梅子」等等，就是這一類因筆下詩詞而名留青史的綽號。

　　宋代文人謝逸先後寫過《蝴蝶》詩三百多首，其名句「狂隨柳絮有時見，舞入梨花何處尋」、「江天春曉暖風細，相逐賣花人過橋」，至今仍然大受賞識。後世人於是以「謝蝴蝶」相稱。

　　歷史上有兩位文人被後人配上「孤雁」的綽號：一是「鮑孤雁」，另一是「張孤雁」。曾在河南當官的北宋詩人鮑當，任內寫了一首五言律詩《孤雁》，抒寫大雁寧可被殺食用也要替人送信到目的地，表現了大雁的的忠誠情操和戍邊人對親人的深切思念。詩中的「天寒稻粱少，萬裡孤難進。不惜充君庖，為帶邊城信」之句大受讚賞，因此給鮑當起了一個「鮑孤雁」的綽號。

　　詞人張炎的《解連環》詞，有「自顧影欲下寒塘，正沙淨草枯，水平天遠。寫不成書，只寄得相思一點」之句，張炎因而也被叫作「張孤雁」。

　　上述這位張炎另外又有「張春水」的綽號。他寫的《南浦》一詞，歌詠春水，其中的「荒橋斷浦，柳陰撐出扁舟小。回首池塘青欲遍，絕似夢中芳草」成了誦絕古今的詠讚春水名句，時人

於是又稱張炎為「張春水」。

宋朝詞人賀鑄寫的《青玉案》，用三種景物比喻閒愁思緒，一時無兩：「試問閒愁都幾許？一川煙草，滿城風絮，梅子黃時雨。」賀鑄因此而得了一個典雅的「賀梅子」綽號。

北宋名相寇準，在任政績卓越，被封為萊國公，卻無田園房舍，當時的詩人魏野有感而發，寫詩說：「有官居鼎鼐，無地起樓台。」魏野因此得了一個綽號：「無地樓台相公」。

喬子曠寫詩生僻，非議者眾，人稱「孤穴詩人」。同時代的杜默，作詩總是憑空捏造，不講韻律，後世於是稱凡事由臆造而無所本者為「杜撰」。

北宋翰林院學士王觀寫的《清平樂》詞，因以下幾句觸怒太后，突遭免職：「黃金殿裡，燭影為雙龍戲。勸得官家真個醉，進酒猶呼萬歲。折旋舞徹《伊州》，君恩與整搔頭。一夜御前宣住，六宮多少人愁。」當時的太后讀了，說這首詞是褻瀆皇帝宋神宗，一怒之下將王觀罷職。人們從此稱王觀為「王逐客」。

# 16. 蘇軾相思淚流一年

綽號在古時候很長一段時間並不叫綽號，而是叫「諢號」。諢是插科打諢的諢，意思是開玩笑。但古人的諢號，似乎並非全部是玩笑。有些諢號，特別是文人雅士的諢號，頗具典雅意味。

古代不少諢號確實是開人家玩笑。以三國時代傑出的政治、軍事人物賈逵為例，其雖然文武兼備，才堪大用，但因為頭部扁長，長相特別，就被人叫了「賈長頭」。其實這「長頭」與北宋文豪蘇東坡（蘇軾）相比，就相差太大了，因為蘇軾的大長頭的確冠絕今古，連他的胞妹也作詩戲弄他：「去年一滴相思淚，今日方流到腮邊。」

唐人溫庭筠，雖因才高有「八叉手」的美譽，但也因貌醜而得了「溫鐘馗」的諢號。

水滸傳就更不用說了，那些長得不好看的，作者也毫不客氣地給他們一個諢號，如「赤髮鬼」劉唐，「青面獸」楊志，「矮腳虎」王英。當然，難得有長得英俊的，作者總算公允，沒有埋沒了人家。如鄭天壽就叫「白面郎君」，朱仝就叫「美髯公」。於此可見，作者在給筆下的人物起諢號的時候，顯然以貌取人，甚至多少帶點自己的主觀好惡。例如在「雙槍」將董平、「金槍手」徐寧、「大刀」關勝、「雙鞭」呼延灼這些正面諢號之外，就有個負面的「操刀鬼」曹正。

回頭說文人綽號。宋代詞人張先作詞注重修辭，語言工巧，

## 《名字改變命運》

曾因「雲破月來花弄影」，「嬌柔懶起，簾壓卷花影」，「柳輕無人，墜風絮無影」三句善用「影」字的名句，被人們起了「張三影」的綽號。又因其《行香子》詞中有「心中事、眼中淚、意中人」的名句，又被稱為「張三中」。

曾任工部尚書的宋代詞人宋祁，作品《玉樓春》詞中有「綠楊煙外曉寒輕，紅杏枝頭春意鬧」的名句，同時期的詞人因此給他起了個「紅杏枝頭春意鬧尚書」的綽號，後被人們簡稱為「紅杏尚書」。

明朝的袁凱，有一首描寫白燕的詩：「故國飄零事已非，舊時王謝見應稀。月明漢水初無影，雪滿梁園尚未歸。柳絮池塘香入夢，梨花庭院冷侵衣。趙家姊妹多相忌，莫向昭陽殿裡飛。」因而被稱為「袁白燕」。

諸如此類的事例，可謂不勝枚舉。直至清朝，仍有不少文人因詩句著名而被冠上綽號，最廣為人知的有：「紅豆詞人」吳綺、「吳好山」吳修齡、「張胭脂」張哲士、「管杏花」管水初、「鮑夕陽」鮑以文、「王黃葉」王蘋等人。

# 17. 章瘋子與老佛爺

名揚中外的近代國學大師章太炎，人所共知他博學多識、才華出眾。據說他讀過的書籍，百分之九十五仍能背誦。友人不相信，拿出自己讀過的經書來考章太炎，那知章太炎不僅能背誦，甚至哪一句在哪一部份、第幾頁都說得絲毫不差，在座的友大感震驚，目瞪口呆。就是這麼一位強記博聞的國學大師，卻被人稱作瘋子，送他「章瘋子」的綽號。

原來他生活上不修邊幅，行為怪異。他向來留著兩邊分梳的頭髮，春天常穿長袍，外加一件式樣特殊的坎肩；夏天則穿半截長衫，袒胸赤臂。一年四季，不管寒暖，手裡總握一把團扇。他長年不更換衣服，兩袖積滿污垢，油光發亮，講課或演講時，鼻涕流下來，就用袖角抹擦。「章瘋子」煙癮特別大，即使在課堂內面向學生講課，也手不離煙，一手拿粉筆，一手拿香煙，有時寫黑板，竟將煙當作粉筆。吸煙時，又將粉筆當作煙，引得學生哄堂大笑。

慈禧太后最喜歡別人叫她「老佛爺」。「老佛爺」其實是一個拍馬庇的綽號。民間傳說，光緒初年，慈禧太后的心腹太監李蓮英下令在萬壽寺大雄寶殿的後面建了一尊佛。工程完成之後，他對慈禧說：「聽說萬壽寺大雄寶殿常有雙佛顯光，這是大吉大利之兆，奴才想請太后駕臨前往觀看。」

慈禧聽後，非常高興，於是，撿了個吉日，來到了萬壽寺。

## 《名字改變命運》

當她進了大雄寶殿，看到仍是原來的一座佛像，沒有什麼雙佛顯光，頓時勃然大怒，李蓮英忙說：「太后暫且息怒，請您到後殿御覽。」慈禧轉到佛像的後面，果然看到還有一尊慈眉善目的觀世音佛像，正當她驚訝之時，李蓮英忽然喊「老佛爺駕到」，早已恭候在殿內的文武大臣立即跪地齊聲高呼「恭迎老佛爺」。

慈禧見狀心裡已經明白，但卻故作不解地問：「你們迎接的是哪位老佛爺呀？」李蓮英連忙答道：「就是迎接太后您老佛爺呀！」「您就是當今救苦救難的觀世音菩薩啊！」一席話說得慈禧心花怒放。從此，「老佛爺」這個稱呼傳開了，大臣們都稱她「老佛爺」，以示敬重，慈禧也以此沾沾自喜。

CPSIA information can be obtained
at www.ICGtesting.com
Printed in the USA
LVHW020953010419
612521LV00031B/965